D1878192

श्रीप्रकाश शुक्ल

श्रीप्रकाश शुक्ल का जन्म 18 मई, 1965 को सोनभद्र, उत्तर प्रदेश के बरवाँ गाँव में हुआ। उन्होंने इलाहाबाद विश्वविद्यालय से एम.ए. (हिन्दी) की डिग्री ली। पी-एच.डी. भी वहीं से किया।

उनकी प्रकाशित कृतियाँ हैं—'अपनी तरह के लोग', 'जहाँ सब शहर नहीं होता', 'बोली बात', 'रेत में आकृतियाँ', 'ओरहन और अन्य कविताएँ', 'कवि ने कहा', 'क्षीरसागर में नींद', 'वाया नई सदी' (कविता-संग्रह); 'साठोत्तरी हिन्दी कविता में लोक सौन्दर्य', 'नामवर की धरती', 'हजारीप्रसाद द्विवेदी : एक जागतिक आचार्य', 'महामारी और कविता' (आलोचना)। उनकी कविताओं के अनुवाद अंग्रेजी, पंजाबी और मराठी में हुए हैं। 'परिचय' नाम से एक साहित्यिक पत्रिका का सम्पादन।

उन्हें 'मलखानसिंह सिसोदिया पुरस्कार', उत्तर प्रदेश हिन्दी संस्थान के 'नरेश मेहता कविता पुरस्कार', 'विजयदेव नारायण साही कविता पुरस्कार' और 'शमशेर सम्मान' से सम्मानित किया जा चुका है।

सम्प्रति : प्रोफेसर, हिन्दी विभाग, बी.एच.यू. तथा समन्वयक, भोजपुरी अध्ययन केन्द्र, बी.एच.यू.।

ई-मेल : shriprakashshuklabhu@gmail.com

ओरहन और अन्य कविताएँ

श्रीप्रकाश शुक्ल

राधाकृष्ण पेपरबैक्स

पहला पुस्तकालय संस्करण
राधाकृष्ण प्रकाशन प्राइवेट लिमिटेड द्वारा
2014 में प्रकाशित

राधाकृष्ण पेपरबैक्स में
पहला संस्करण : 2025

राधाकृष्ण पेपरबैक्स : उत्कृष्ट साहित्य के जनसुलभ संस्करण

राधाकृष्ण प्रकाशन प्राइवेट लिमिटेड
जी-17, जगतपुरी, दिल्ली-110 051
द्वारा प्रकाशित

शाखाएँ : अशोक राजपथ, साइंस कॉलेज के सामने, पटना-800 006
पहली मंजिल, दरबारी बिल्डिंग, महात्मा गांधी मार्ग, प्रयागराज-211 001
1, अनमोल सोराबजी संतुक लेन, धोबी तलाव, मरीन लाइंस, मुम्बई-400 002

वेबसाइट : www.radhakrishnaprakashan.com
ई-मेल : info@radhakrishnaprakashan.com

विकास कंप्यूटर एंड प्रिंटर्स
ट्रॉनिका सिटी-201 102
द्वारा मुद्रित

मूल्य : ₹250

ORHAN AUR ANYA KAVITAYEN
Poems by Shriprakash Shukla

ISBN : 978-93-49159-21-1

अपनी प्यारी बेटी
दर्शिता के लिए

अनुक्रम

देश के प्रधानमंत्री के नाम देश के एक नागरिक का ख़त

प्रधानमंत्री जी, आपके काशी आगमन का हम तहेदिल से शुक्रिया अदा करते हैं
हम इस बात का भी शुक्रिया अदा करते हैं कि यहाँ के घाटों की सफाई हो गई है
और गंगा के दूधिया जल में कुछ चेहरे अब उभरने लगे हैं

हम इस बात के भी शुक्रगुज़ार हैं कि यहाँ की ऊबड़-खाबड़ सड़कें थोड़ी स्वस्थ व सुंदर हो गई हैं
और कुछ समय के लिए ही सही
यहाँ के रिक्शे व ताँगे वाले अब यहाँ की गलियों में घुसते समय हिनहिनाएँगे नहीं

हम आपके इस आगमन को शहर की चिकनाई से जोड़कर देखते हैं
और इस रूप में भी जोड़कर देखते हैं कि अपनी पुरातन व्यवस्था में रगड़ खाता यह शहर
यदि कभी आधुनिक दिखेगा तो वह आपकी यात्रा से ही संभव है
जिसमें थोड़े समय के लिए यह भी अपने पंजों पर खड़ा हो आपको निहारता है
थोड़ी देर के लिए यह आपकी अगवानी में ठहर-सा जाता है
और थोड़ी देर ही सही
इसकी धमनियों में आधुनिकता से लबरेज एक ठक-ठक की आवाज लगातार बजती है
जो कान में प्रवेश करने के पहले ही दिमाग़ में उतर-सी जाती है

लेकिन प्रधानमंत्री जी, आपके आने व जाने के बीच कुछ ऐसे सवाल हैं
जो आपके गुजरने के बाद की छोड़ी हुई हवाओं में बरवक्त तैरते रहते हैं
कि आखिरकार यह सब देश के प्रधानमंत्री के खाते में दर्ज होता है
या फिर देश के नागरिकों के खाते का भी इससे कुछ संबंध होता है

क्या देश के प्रधानमंत्री के खाते में ऐसी ही चिकनी-चिकनी बातें दर्ज होती हैं
जहाँ खुरदरेपन के लिए कोई जगह नहीं होती
या फिर देश के नागरिक के भाग में उतना ही बदा होता है
जितना कि देश के प्रधानमंत्री को सरकने के लिए जरूरी होता है!

आपकी अगवानी में जो कुछ होता है उससे हमें ऐतराज नहीं
हमें इससे भी ऐतराज नहीं कि आपका शहर आगमन शहर की नींद में एक सपने
की तरह होता है

लेकिन प्रधानमंत्री जी, उस युवती ने आपका क्या बिगाड़ा था जो लंका के भीड़
भरे चौराहे पर अस्पताल जाने के लिए अंतिम साँसें ले रही थी
और आपके सुरक्षा दस्ते में इतनी सुरक्षित थी कि करवट भी नहीं बदल पा रही थी

कराहना तो दंडनीय अपराध था ही
क्योंकि इससे आपकी नींद को खतरा था
और आपकी नींद की हिफाजत करना उसके लिए एक बड़े राष्ट्रीय दायित्व को
निभाने जैसा था

इधर हम थे कि जो कभी शब्दों से लोहा गलाने की क्षमता रखते थे
जो कभी शब्दों से पर्वत ढहा सकते थे
जो कभी शब्दों से आपकी नींद हवा कर सकते थे
उस आदमी को तनिक भी नहीं पिघला पा रहे थे
जो आपकी ओर से हमारी सुरक्षा में खड़ा था

कभी आपने सोचा कि आपकी इस यात्रा में उसकी जो साँसें अटक गई थीं

उन साँसों के चलते रहने में आपके देश की क्या भूमिका है
या कि जिन शब्दों से हमारा भरोसा छिन गया है
उनसे खुद आप कितने सुरक्षित रह गए हैं ?

प्रधानमंत्री जी, आखिरकार उस गौरैया ने आपका क्या बिगाड़ा था जो सड़क पर फुदक रही थी
उस कुते ने आपका क्या बिगाड़ा था जो केवल बाँस की बल्लियों को लाँघने के अपराध में इस दुनिया से विदा हो गया
और तो और उस साँड़ ने आपका क्या बिगाड़ा था जो अलमस्त ढंग से सड़क के एक किनारे बैठा देश का जायजा ले रहा था

क्या आपने कभी सोचा कि जिस साँड़ को आपकी सरकार ने देश-निकाला दे दिया
उसके घर को बनाने में आपकी सरकार ने अभी तक क्या किया है

वह आज भी सड़क के बीचोबीच वैसे ही टहलता है
जैसे कि अपने जन्म के समय सड़क के ठीक बीच में पैदा हुआ था

प्रधानमंत्री जी, जब आप लाल किले से देश के नौनिहालों के नाम संबोधन करते हैं
तब मेरे मन में कोई सवाल नहीं उठता
क्योंकि देश के झंडे के नीचे हमें कुछ न बोलने का एक ऐसा संस्कार जन्मघुट्टी की तरह दे दिया जाता है
कि आप जो कुछ भी बोलेंगे
देश की पवित्र जनता के लिए पवित्र झंडे के माध्यम से पवित्र मन से ही बोलेंगे

आप वहाँ बैठे रहते हैं तब भी मेरे मन में कोई सवाल नहीं उठता
क्योंकि जिस शहर में आप रहते हैं और जिसे हमारी धड़कनों के रूप में बताया जाता है
वह शुरू से ही सवालों के बाहर है–

लगभग अपने देवता की तरह
जिन पर सवाल करना अपनी ही बेवफाई का इज़हार करना है

किंतु जब आप बाहर रहते हैं
मसलन यही कि जब आप हमारे इस पवित्र शहर में रहते हैं
और शहर की प्राचीनता व पवित्रता व जातीयता व मानवता व
जाने किस-किस प्रत्ययी 'ता' पर बोल रहे होते हैं
तब मेरे मन में आपको लेकर बार-बार सवाल उठता है कि आप कैसे बोल रहे होंगे उस जगह पर
जहाँ पर आपको हिलने भर की आजादी नहीं मिलती
जहाँ आप आराम से नाक भी नहीं खुजला सकते
और जहाँ पाँव भर फैलाने की आजादी भी नहीं होती

मुसकुराना तो यूँ भी राष्ट्रीय अपराध होता है!

क्या हमारे देवता ऐसे ही होते हैं प्रधानमंत्री जी
या फिर जिसे देवता बनाना होता है
उन्हें ऐसा ही कर दिया जाता है
कि वे ठीक से हिल-डुल भी न सकें
ठीक से हँस भी न सकें
ठीक से बोलने को कौन कहे
ठीक से सुन भी न सकें!

प्रधानमंत्री जी, जितना आप कैमरे के इस देखने में रम रहते हैं
कितना अच्छा होता कि आप हमारे देखने को लेकर भी थोड़ा नम रहते

थोड़ा यह भी समझते कि आपके इस शहर में कोई है जो जनता के नाम पर समझ रहा है

तब कितना अच्छा होता कि इस देश में सिरफिरों की संख्या थोड़ी कम होती

देश की जनता थोड़ा गम खाती
और जिसे कहने के लिए हमें तरह-तरह के शिल्प को ईजाद करना पड़ता है
उसे आपसे सीधे कह सकते

न सही आपके शहर का होकर
अपने शहर का होकर तो बोल ही सकते।

प्रधानमंत्री जी, क्या कभी आपने सोचा है कि आपके शहर में हमारा तनिक भी प्रवेश
आपके शहर में एक ऐसे खौफ़ को जन्म देता है
जिसमें बहुतों की जान केवल इसलिए चली जाती है
कि कभी वे ऐसा न सोचें
जबकि हमारे शहर में आपका प्रवेश इस तरह होता है जैसे यह शहर आपका बनिहार हो
जहाँ जब तब आप दावा ठोंकने के लिए चले आया करते हैं

या कि यह भी कि जब भी आपको खखारने की इच्छा होती है
जब भी आपको निबटने की इच्छा होती है
जब भी आपको कुछ टपकाने की इच्छा होती है
इस शहर में आ धमकते हैं
जहाँ शहर की हवाओं तक को आपको गुदगुदाने की मनाही है
जहाँ शहर में चमकता सूरज आपको छू भी नहीं सकता
जहाँ की धरती आपके पाँवों को सहला भी नहीं सकती!

गंगा की तो बात ही अलग है
वह तो बेचारी यूँ भी आपके आगमन से लुड़िया जाती है।

प्रधानमंत्री जी, इतनी धरती, इतना आकाश, इतना सूरज और इतनी हवाओं को लेकर आप स्वयं चलते हैं
कि हमारे लिए कठिन हो जाता है अपनी हवाओं को समझना

कठिन हो जाता है अपने देश की गंध को महसूसना
और जब तक हमें कुछ सूझता है
आप गुजर चुके होते हैं
हमारी हवाओं से

प्रधानमंत्री जी, कहने को तो बहुत कुछ है
और यह बहुत कुछ आपके लिए कुछ भी नहीं है
फिर भी इतना तो कहा ही जा सकता है कि आपका सब कुछ
जिस काफिला के नाम पर घटित होता है
उसमें हमारे लिए सिवाय इसके कोई जगह नहीं बचती कि हम अपना-अपना
काफिया मिलाकर अपने को ठीक करें
और एक काफ़िर की तरह उपद्रवी घोषित किए जाने के पहले ही
अपने को देश की सुरक्षा के नाम पर समर्पित कर दें

और बावजूद इसके आपका जयघोष करें
फिर भी जयहिंद की तरह
जय जय हिंद की तरह!

प्रधानमंत्री जी, मैं जानता हूँ कि मेरा यह सवाल भी
जैसा कि अब तक होता आया है
एक सिरफिरे के भड़ास निकालने वाले खाते में दर्ज होगा
जिस खाते में पहले से ही भारी आँकड़े दर्ज हैं
लेकिन सवाल फिर भी सवाल है कि इतनी सड़ाँध को पचाते हुए इतनी
चिकनाई का हम क्या करें
जिसमें मक्खियों तक की सुरक्षा में सरकार का सुरक्षा दस्ता मुस्तैद रहता है।

[14.03.2008]

पक्का महाल

पक्का महाल में टहलते हुए
अचानक मुझे लगा कि मैं एक बहुत चौड़ी सड़क से
पतली सड़क पर आ गया हूँ

इतनी पतली कि बगैर केहुनी सटाए नहीं जाया जा सकता कहीं भी
आँख चुराकर जाना तो संभव ही नहीं है

यह इतनी पतली सड़क है तो गली का क्या कहना
और गली इतनी पतली है तो दरवाजे का क्या कहना

दरवाजे यदि इतने पतले हैं तो खिड़की का क्या कहना
और खिड़की इतनी पतली है
तो फिर नज़र
उसे तो पतली होना ही है

मैं यह सब विचार कर ही रहा था
इतनी पतली नज़र से बचकर निकलने की कोशिश कर ही रहा था
कि अचानक लगा कि इतनी पतली रोशनी से कैसे बनी होंगी
ये मोटी-मोटी दीवारें
जिसमें साँड़ भले ही घुस सकता है
सूरज नहीं ही घुस सकता

साँड़ व सूरज में यहाँ साँड़ की जीत है
बावजूद इसके कि सूरज अभी भी लाल है
सुर्ख़ लाल!

बरवक्त यहाँ रहता है शरद का पहरा
बरवक्त यहाँ आती है घंटे व घड़ियाल की आवाज
बरवक्त यहाँ मिलती है लस्सी व ठंढई
और बरवक्त एक कोने से उठती है सुगंध
अपने-अपने देवता के जगाने के निमित्त!

मैं यह सब सोच ही रहा था कि वहीं से गुजरा एक खच्चरों का रेला
पूरे के पूरे महाल को अपनी पीठ पर लादे
और यह देखकर परेशान था कि जिस महाल को पक्का करने में
न जाने कितने खच्चरों ने दी अपनी आहुति
उनके लिए कहीं नहीं जगह है इस महाल में!

[25.03.2008]

प्रायश्चित्त

एक आदमी जो केदारघाट की सीढ़ियों पर मृत अवस्था में पाया गया
अपनी मृत्यु के कारण चर्चा का विषय हो गया

मृत्यु, जो सामान्यत: चर्चा का कारण नहीं बनती
मृत्यु, जिस कारण से चर्चा बंद हो जाती है
मृत्यु, जो जीवन के विसर्जन की अंतिम अवस्था होती है

इस समय इतने बड़े शहर में चर्चा के केन्द्र में थी
जबकि केन्द्र से थोड़ी ही दूर पर पसरा हुआ जीवन
पसली के अपमान की तरह बिखरा हुआ था
लेकिन चर्चा के केन्द्र में नहीं आ पा रहा था

इस चर्चा में सबसे बड़ी चर्चा प्रेम की थी
जिसमें न तो धोखा मिलना बड़ी बात थी
न ही पागल होकर घूमते जाना

बड़ी बात थी प्रेम करना और प्रेम करते हुए दूसरे के प्रेम को जगह देना
और जीवन के तमाम संकल्पों के साथ भविष्य में छलाँग लगा लेना
केदार घाट की सीढ़ियों से

कुछ की चर्चा में आदमी का अपने बीवी-बच्चों से तनाव होना बताया गया था
तो कुछ लगातार इस बात पर चर्चा कर रहे थे कि उसका अतिशय नशे में होना

उसकी मृत्यु का कारण बना

कुछ इस बात पर अड़े थे कि मृत्यु के लिए सीढ़ियाँ जिम्मेदार हैं
जिनमें अतिशय काई लगी हुई थी
तो कुछ इस बात पर खेद प्रकट कर रहे थे कि उसको नहीं मिला था
उसके द्वारा बुने गए कपड़ों का वाजिब मूल्य

कभी-कभार कुछ यह भी तर्क दे रहे थे कि रेहन पर रखी गई उसकी ढेर सारी
जमीन उसके अपने ही किसान द्वारा हथिया ली गई थी
जिसे कर्ज़ माफी का लाभ मिला था
और जिसने पैसे को बाजार में लगा दिया था
छह आने सूद पर

इसके बाद चर्चा इस बात पर थी कि वह आदमी भूखा था
दिनों महीनों सालों से भूखा था
जो केदारघाट की सीढ़ियों पर बैठकर पानी पी रहा था
जहाँ एक दिन उसके शरीर में सिर्फ पानी ही पानी था
और वह खुद में पानी हो गया था
गंगापानी!

मृत्यु को लेकर जितनी चर्चाएँ थीं
उनमें सबसे कम भरोसे की चर्चा यही थी
जैसे कि सबसे कम भरोसे की चर्चाएँ वे ही होती हैं
जो पानी के व्याकरण को लेकर की जाती हैं

मृत्यु की ये चर्चाएँ जलकुंभी की तरह पूरे शहर में फैल रही थीं
और हर आदमी के पास अपने-अपने तर्क थे कि मृत्यु पर चर्चा बंद होनी चाहिए
क्योंकि इस पर चर्चा करना
शहर को मृत्यु के मुँह में झोंक देना है

साल-दर-साल मृत्यु पर हुई इन चर्चाओं में
जीवन की लय टूटती गई
और मृत्यु बूढ़े आदमी के बयान की तरह
अपनी ही चर्चाओं के भार से हाँफ रही थी!

मृत्यु को जहाँ सुंदर व श्लील होना था
वह लगातार कुत्सित व अश्लील होती जा रही थी
और देखिए न
मैं भी कितना नासमझ हूँ
कि एक ऐसे शहर में मृत्यु पर लगातार चर्चा किए जा रहा हूँ
जहाँ मिली हर मृत्यु सीढ़ियों से लुढ़की हुई मृत्यु होती है
और हर लुढ़की हुई मृत्यु को प्रायश्चित्त के परिधान में
प्रवाहित कर दिया जाता है
गंगा में
जी हाँ, अपनी ही गंगा में।

[22.03.2008]

मोबाइल और लड्डू

यह एक दिन की बात है कि घूमते-टहलते
मैं पहुँच ही गया एक दुकान पर
और दुकानदार से कहा कि मेरा मोबाइल भूखा है
इसे कुछ पैसों की दरकार है
ताकि यह कुछ बोल सके

भूखा आदमी सिर्फ सुन सकता है
यह बात न चाहते हुए भी दुकानदार के समझ में आ गई
और उसने तुरंत ही अपनी ओर से एक टुकड़े को खुरचना शुरू कर दिया
लगभग वैसे ही जैसे दूध के दहकने के बाद खुरचन को खरोंचा जाता है

वह जैसे-जैसे खरोंच रहा था
वैसे-वैसे मोबाइल के चेहरे पर चमक उभरती जा रही थी

थोड़ी देर में स्थिति यह थी कि मोबाइल पूरी तरह तैयार था
बोलने के लिए
गाने के लिए
चिंचियाने के लिए

इसी समय एक आदमी जो बहुत देर से वहाँ पर खड़ा था
जो बहुत दूर से चलकर यहाँ आया था
जो मुक्ति की इच्छा से किसी मंदिर में चला गया था
और जिसे अभी भी अपनी काशी की तलाश थी,

सहमते हुए मेरे हाथ में एक लड्डू रख दिया
और अतिशय विनम्रता के साथ निवेदन किया कि मैं लड्डू को अभी खा लूँ

यह कहते हुए वह बहुत परेशान दिख रहा था
लगभग एक अपराधी की तरह
जिसने एक ऐसे आदमी से कुछ खाने के लिए कह दिया था
जो भागते-भागते
एक धमाके में बिखरे चेहरों का पता देने
यहाँ तक आया था

यहाँ तक क्या, जाने कहाँ-कहाँ गया था!

मेरे सामने स्थिति यह थी कि एक तरफ मेरा मोबाइल लगातार बज रहा था
दूसरी तरफ हाथ में एक लड्डू था जो लगातार पिघल रहा था

यह लड्डू व मोबाइल के बीच गजब का रिश्ता था
जिसने लड्डू को परम्परा के खाते में डाल दिया था
और मोबाइल को आधुनिकता के खाते में!

लड्डू में खामोशी थी
मोबाइल उदास था

मेरे पास कुछ सपने थे
जिसमें कुछ गुर्राहट थी तो कुछ भन्नाहट
और इनके बीच मुझे दोनों को बचाना था
और हालत यह थी कि दोनों को बचाना
हथेली पर पसरी उम्मीद की तरह कठिन हो गया था

मैं इस समय विचार की चरम स्थिति में था
और लड्डू को लगातार आधुनिकता के खाते से मूल्यांकित कर रहा था

और मूल्यांकन की इस कोशिश में
लड्डू आहिस्ता-आहिस्ता मेरे हाथ से गायब हो रहा था

थोड़ी देर में मेरे हाथ में कुछ चिपचिपाहट उभरने लगी थी
जिसमें कुछ घी था
कुछ बेसन
तो कुछ नमक भी!

लड्डू में नमक!
यह एक खतरनाक सवाल था
और मैं लड्डू को कुछ वैसे ही घूरे जा रहा था
जैसे यात्रा में आप सामने वाले की रोटी को घूरते हैं
जब वह आपकी तरफ रसद का हाथ बढ़ा रहा होता है

इस क्रम में मैं लगातार लड्डू के बारे में सोच रहा था
कि आखिरकार उस लड्डू को कैसे समझूँ
कैसे देखूँ
जिसे एक अपरिचित ने अतिपरिचित भाव से मेरे हाथ में रख दिया था
और मैं एक अति परिचित तथ्य के सामने खड़ा था
जहाँ लड्डू खाने के बारे में
लगातार मोबाइल होकर सोच रहा था

मैं आज भी सोचता हूँ कि उस आदमी ने मुझे लड्डू खाने को क्यों दिया
जबकि मेरा मोबाइल
धमाके में बौखलाते विचार की तरह
लगातार बज रहा था
और वह मुझे ही खाने को क्यों कह रहा था
जबकि मैं ही उसके खाने के बारे में ज्यादा सोच रहा था।

[08.04.2008]

ओरहन*

आहिस्ता-आहिस्ता नदी ओहरने लगी है
आहिस्ता-आहिस्ता दूब दिखने लगी है
आहिस्ता-आहिस्ता टूटी चप्पलों के बीच
पैरों की आहट मिलने लगी है
और आहिस्ता-आहिस्ता हवा में उठते हाथ
नाखूनों के पोर से कुछ गुनगुनाने लगे हैं

सब कुछ आहिस्ता-आहिस्ता होने लगा है
सब कुछ जिंदगी की आश्वस्तियों के बीच मुस्कुराने लगा है
सब कुछ बहुत कुछ की तरह याद आने लगा है

यह उत्सर्जन के बाद की आश्वस्ति है
जिसमें आहिस्ता-आहिस्ता यह भूलने लगे हैं लोग
कि आगे और भी विसर्जन होना है
फिर भी जीवन की तरह!

जैसा कि सदियों से होता आया है
जिसने जीवन बिछाना जाना है
वह जीवन को समेटना भी जानता है
यह पहचाने लगे हैं लोग
बेशक
आहिस्ता-आहिस्ता।

यह एक नदी का जीवन है
जो आहिस्ता-आहिस्ता हिमालय से निकलती है
जो हमारे सपनों को छूती हुई
आहिस्ता-आहिस्ता गंगा की ओर जा रही है

इसने जब भी राह बदली है
इशारे से बताना चाहा है
कि चुपचाप जाते हुओं को रोका-टोका नहीं करते
नहीं करते अकारण उस आदमी से छेड़छाड़
जो अपनी राह चल रहा हो

लोग हैं कि आहिस्ता-आहिस्ता उधेड़ने लगे हैं उसकी सीवन
उसके जिस्म के साथ खेलते रहे बरवक्त
और जब कभी उसने हवा में
अपने आँचल को लहराया
लोगों ने कहा कि यह बाढ़ है

यहाँ खेत का रेत से मिलन था
जिसमें अपने गगन में मगन
बह रही थी नदी।

जिन्हें इस बाढ़ में जाना था
जिन्हें इस बाढ़ में उतिराना था
जिन्हें फूलते हुए इस बाढ़ के मानी को समझना था
वे तो रह गए
बचे कि बचे
बच बचा के!

जिन्होंने इस नदी को देखा काँखभर
जिन्होंने अपनी पुतलियों में बसाया नदी को

फिर भी आँखभर
वे ही जुदा हुए
इस नदी से

जाहिर सी बात है
अपनी सदी से!

बाढ़ जो कि बाढ़ थी
असल में बाढ़ नहीं थी
यह तो नदी का एक ओरहन था
अपनी यातना के ख़िलाफ़!

[09.09.2008]

* शिकायत के अर्थ में।

पानी में प्रसव

(बिहार में अगस्त महीने में आई भीषण बाढ़ के संदर्भ में)

यह एक शाम की बात है कि जब तुम गर्भ में आँखें मिलमिला रहे थे
जब तुम दूब की तरह धरती को तोड़ने को बेताब थे
जब तुम्हारी माँ अपने पूरे दिन की लालसा व आशंका के बीच
रात के आखिरी पहर में दिन के पहले सपने की तरह सो रही थी
नदी का पहला पानी
लहर-दर-लहर चढ़ने लगा था

लहर-दर-लहर दुनिया छोटी होने लगी थी
इतनी छोटी कि पूरा का पूरा मौजा
एक फेनिल समुद्र में बदल गया था

तुम्हें कतई पता नहीं होगा कि यह अपने-अपने महादेशों के बीच बढ़ रहे झगड़े में
उफनती गालियों का पानी था
जिसमें तटबंधों के टूटने से ज्यादा
वायदों
व विश्वासों
व आश्वस्तियों
व आशंकाओं
के टूटने की कथा है

जो बार-बार बनते हैं टूटने के लिए

और टूटी हुई जिंदगियाँ
इसी तरह बचती हैं
बार-बार उठ खड़े होने के लिए।

तुम्हें यह भी नहीं पता होगा कि जो पानी नदी के शरीर से बाहर निकलने को
बेताब था
वह असल में हमारे ही कचरे का विस्तार था
जिसे गाहे-ब-गाहे हम नदी में निपटाते आए थे

तुम यह भी नहीं जानते होंगे कि जब एक नदी हुँकारती है
जब अपने ही आँचल को उधेड़ती हुई एक नदी करती है नृत्य
तब चीखों की तुरत-फुरत चीर-फाड़ होती है
जिसमें कभी उसके अतृप्त होने की कथा कही जाती है
तो कभी पुराणों के बीच पड़ी सूखी पत्तियों की तरफ ध्यान दिलाकर
उसके कुँवारेपन की व्यथा सुनाई जाती है

कभी भी इसकी चर्चा नहीं की जाती
कि कितनी गादों को कितनी बार भरा है हमने
उसकी माँग में
और होना चाहिए था जहाँ सिंदूर
वहाँ भरते आए हैं अब तक
हम अपने-अपने सिंगूर!

तुम्हें तो यह भी नहीं पता होगा कि जब तुम्हारी माँ
अपने ऊँचे-ऊँचे सपनों के साथ
(जो कि तुम्हारे लिए ही थे)
हिमालय के शिखरों की यात्रा कर रही थी
अपने नत नयन से तुम्हारे उन्नत अयन की कामना करती हुई
सप्तकोशी की लहरों में तुम्हारे जीवन का वेग माँग रही थी

उसके इर्द-गिर्द पानी ही पानी था
और उसके पास कुछ भी नहीं था
सिवाय एक फुनगी के
जिस पर तुम्हें तुम्हारे नाखून भर की जगह दे दी गई थी

मेरे बच्चे
तुम्हें इसी फुनगी के सहारे बड़ा होना है
तुम्हें इसी के सहारे पार करना है अपने-अपने महासमुद्र

इसी के साथ तुम्हें यह भी बताना है कि जब तुम पैदा हुए थे
तब तुम्हारे जन्म के समय नीचे
झहर-झहर लहर थी
और ऊपर
दुआओं में उठते
हहर-हहर हाथ

यहाँ एक तरफ हवाओं में छटपटाते सिर थे
तो दूसरी तरफ नोक भर की जमीन पाने को व्याकुल
हसरत भरे पाँव।

माना कि तुम्हारे जन्म के समय नहीं हो सका कोई उत्सव
नहीं सुनाई जा सकी कोई लोरी
नहीं मिल सका तुम्हें आँचल भर एकांत
और छाती भर विस्तार!

होना चाहिए था जहाँ आकाश भर शोर
और धरती भर अनोर
हम व्यस्त थे कोशी को मनाने में
उसे नैवेद्य चढ़ाने में।

लेकिन मेरे बच्चे
जब कभी तुम बड़ा होना
और अपने बड़े होने की प्रक्रिया में
किसी पानी के व्याकरण को परखने की कोशिश करना

तो एक बार
तनिक एक बार
उस कोख को भी निरखने की कोशिश करना
जिसमें तुम्हारी माँ ने निथार आए हैं सैकड़ों दुख
पानी पर तैरते
अपनी ही नदी में!

[12.09.2008]

फ़क़त बाढ़

नदी निराली
मुँह है खोली
अपना आँगन
अपना छाजन
आज यहाँ है
जी भर
छोली

जो हमजोली
करत ठिठोली
फाड़ी उनकी
जी भर
झोली

उलट-पलटकर
रख दी कोली
तार-तार कर दी सब
खोली

हहर-हहर कर
झहर-झहर कर
भेंट लगा दी

सपने
मोली

भाग्य विधाता भाग बनाते
जीवन दूभर कर दी
भोली

नहीं यहाँ कुछ हलचल-वलचल
नहीं यहाँ कुछ
ठाढ़
जितना चाहो कूदो-फाँदो
आज यहाँ अब
फ़क़त बाढ़।

[02.09.2008]

कलंगूट

व व आई
य य ये आई
पकड़ो
पकड़ो

लो लो य च्चली गई।

लो फिर आई
व द् देखो
वो आ रही है
अरे इधर नहीं
भई उधर

और लो आ ही गई।

धरो-धरो
पकड़ो-पकड़ो
धरो-पकड़ो

यह मजोर्डा नहीं
कलंगूट की लहर है।

अब की ठीक से पकड़ो
य देखो बड़ी ऊँची आ रही है
लह-लह आ रही है
मह-मह आ रही है
हर-हर हहराती
रह-रह आ रही है

सन्न झम्म झाँय झूँ
सनन-सनन झनन-झनन
झट पट
झपट-झपट
झनझनाती आ रही है

इस तरह
लहर पर लहर आती रही
और हम समुद्र भर पानी को
आँख भर नापते रहे।

[05.10.2008]

साईं

साईं एक शब्द नहीं
अर्थ है

इतिहास में पहली बार हुआ है
एक साईं
राजा के यहाँ नहीं
झोपड़ी में पला है

वह मनुष्यत्व को नकारकर नहीं
देवत्व को त्यागकर देवता बना है

वह नहीं दिखाता राजा होने का सपना
राज्याभिषेक तो कभी नहीं करता
वह कोई पंचायत नहीं बुलाता
मोक्ष की बात तो करता ही नहीं

मोक्ष उसके यहाँ
ठीक-ठीक आदमी होना है
न कम न ज्यादा!

वह आदमी जो मुझे मिला था नासिक के चौराहे पर
या फिर शिरडी के तिराहे पर

साईं जैसा दिखा था
थोड़ा विनम्र
थोड़ा झुका हुआ

थोड़ा खाली हाथ
थोड़ा हाथ खाली

मुझे जहाँ कहीं भी
आँखों में चमक लिये
एक विनम्र उम्मीद के साथ
दिखते हैं खाली कटोरे

मैं भीतर से भर जाता हूँ
साईं को पाकर।

अभी कल की ही तो बात है
वह जो आदमी आया था
साईं जैसा दिखा था
इस तरह एक आदमी लगातार आता रहा है मेरे दरवाजे पर
एक संदेश छोड़कर जाता हुआ–

साईं को धोखा देना
खुद को धोखे में रखना है

साईं को जानना
खुदा को नहीं
खुद को जानना है।

[05.10.2008]

गनीमत

गनीमत थी कि सब कुछ ठीक-ठाक था

खुशी जो एक धमाके जैसी लगी थी
हँसी जो एक कराह में बदल गई थी
नींद जो एक थर्राहट में बदल गई थी

गनीमत थी कि कुछ आदमियों में अभी भी बची रह गई थी
जिंदा होकर जीवन का बयान करने के लिए।

वह जो आया
शहर के उस पार से
एक हादसे की शक्ल में
गनीमत थी
कि त्रासदी में बदलने के पहले ही
बम जैसा फूट पड़ा।

एक आतंक जिसे तैयार करने में
न जाने कितने बच्चों की किलकारियों को दबोच लिया गया
न जाने कितनी माँओं के अरमान दरक गए
न जाने कितनी कलाइयों को चकनाचूर कर दिया गया
गनीमत थी
कि पुतले की शक्ल में आने के पहले ही

ढह गया।

वह धूल
वह धुआँ
वह बेबसी
वह लाचारी
वह हाहाकार
सब कुछ निराकार
फिर भी स्वीकार

गनीमत थी लाशों के बीच भी एक आततायी
आखों से कुछ देख पा रहा था
सब कुछ को नष्ट होता हुआ नहीं
बहुत कुछ को बचा हुआ

गनीमत यहाँ हमारे सामने एक उम्मीद की तरह खड़ी थी
और गनीमत थी कि अभी तक इसको
किसी बज़र की नज़र नहीं लगी थी।

[26.11.2008, मुम्बई बम ब्लास्ट]

खरा आदमी

यहाँ आजकल
हरा जंगल
चरा मिलता है

भरा आकाश
दरा मिलता है

फरा फल
झरा मिलता है

खरा आदमी
ज़रा मिलता है।

[26.12.2008]

तनी हुई विफलता

अकड़ी हुई रस्सी
बची रहती है जलने के बाद भी
राख में

वह आदमी जिसकी आँखों में चमक थी
गिरने के बाद भी छोड़ देता है कुछ रोशनी
बनिस्बत उस आदमी के जिसकी आँखें झुकी रहती हैं
औरों की दया के भार से

अपनी लघुता में पड़ी रहकर
मुट्ठी जो तनी रहती है
ज्यादा भरोसे की होती है
उन खुली हथेलियों से
जो चिपचिपा जाती हैं
दूसरे की महानता को ढोते-ढोते

आँधी में टूटकर गिरा हुआ मकान
तूफान में सूखकर रेत हुई नदी
थककर गिरा हुआ आदमी
ज्यादे भरोसे का होता है
अपनी-अपनी संभावनाओं में

समर्पित सफलता से
ज्यादा मूल्यवान होती है
तनी हुई विफलता!

[26.10.2008]

आतंक

पहली बार जब वह आया तो बड़ा आकर्षक था। उसमें सम्मोहन की अद्भुत क्षमता थी। वह तरह-तरह के करतब दिखा रहा था। उसके हाथों पर फिरहरी की तरह नाचती बंदूकें थीं। ये खिलौनों की तरह जनता के बीच आकर्षण का कारण थीं।

दूसरी बार जब वह आया तब वह पुराने खिलौनों को मिटाकर आया। उसने कुछ तोड़-फोड़ की और पुरानी जगहों को छोड़कर कुछ नए ठिकाने बनाए। ठिकाने उसके इतने स्थायी थे कि वह अब दूसरों को करतब दिखा रहा था। वह जानता था कि लोगों को अब तक करतब से ही जीता गया है।

तीसरी बार जब वह आया तब कहीं से नहीं आया। वह यहीं कहीं रह गया था। कभी गरीबों की झोपड़ी में। कहीं झाड़ू बनाने वालों के घरों में। या फिर किसी परचून की दुकान पर।

अब तक वह व्यापार को ठीक से समझने लगा था। वह समझने लगा था कि किसी को जीतना बगैर व्यापार के संभव नहीं है। वह जानता था कि व्यापार विश्वास देता है। इसी से सभ्यताओं को जीता गया है। इसी के भरोसे किसी के आँगन तक पहुँचा जा सकता है।

अब तक वह काफी खूँखार हो चला था और इतना खूँखार कि लोगों को सोचने का अवसर ही नहीं मिला–
कि वह इतना विनम्र

कि इतना साधु स्वभाव
कि इतना समर्पित
कि इतना हँसोड़ था
कि कभी वह इतना सब कुछ हो सकता है

अपने से अलग होकर
आदमी नहीं पुतला हो सकता है।

अबकी बार, गो कि आखिरी बार, वह आया
तब हमारी पुतलियों पर एक निशान छोड़ गया
लगभग गहरा लाल निशान

साथ में यह संदेश भी कि वह यूँ ही आता रहेगा
कभी बच्चे की शक्ल में
कभी खिलौने की शक्ल में

कभी-कभार कचड़े की शक्ल में!

आखिरकार स्थिति यह है कि अब उसे आने की जरूरत ही नहीं पड़ती
अब वह बरवक्त आता रहता है
कभी हमारी नींद में
तो कभी हमारे सपनों में!

[27.12.2008]

एकवचन

विचित्र है जब तुम मेरे पास थी
मैं एकवचन में सोचा करता था

आज जब तुम दूर हो
मैं बहुवचन में सोचा करता हूँ

क्या बहुवचन ऐसे ही बनते हैं प्यारे
एकवचन को ठेलकर

यह सवाल तुमसे नहीं खुद से पूछता हूँ
जब यहाँ हूँ
रेत पर खड़ा हूँ
और नदी को बहता हुआ देख रहा हूँ।

[17.2.2009]

बहुवचन

सब कुछ बहुवचन में नहीं सोचा जा सकता
जैसे फूल
जैसे नदी
जैसे पेड़

सब फूल सुगंधित ही नहीं होते–नीम
सब नदी जलधारा ही नहीं होती–गंडक
सब पेड़ बड़े ही नहीं होते–बबूल

यदि ऐसा है
तो फिर बहुत सी चीजें हैं
जिनका होना जरूरी है
एकवचन के लिए

एकवचन हर किसी को अपनी हवाओं में होने की छूट देता है
वह हर कुछ को अपने देश का नागरिक होने की छूट देता है
वह हर वक्त, वक्त के बारे में ठीक से सोचने की आजादी देता है

जिस समय वह बहुवचन होता है
वह वह नहीं होता
कुछ और ही होता है

यह कुछ और वह
बहुत कुछ के सब कुछ को समेट लेता है।

नदी एकवचन होकर ही बहती है
जब वह बहुवचन होती है
बहना बंद कर देती है।

नदी समुद्र हो जाती है।

[27.01.2009]

ईश्वर एकवचन है

एकवचन यथार्थ है
बहुवचन अवधारणा

एकवचन हक़ीक़त है
बहुवचन फ़साना

एकवचन से बहुवचन के बीच वजूद का तनाव है
जो एकवचन के रिसने से बनता है

इन दोनों की लड़ाइयों में मारा एकवचन ही जाता है
जैसे मारा जाता है इंसान
धर्म के मोर्चे पर लड़ता हुआ
बहुवचन के नाम पर

ईश्वर एकवचन है
जिस दिन यह बहुवचन होता है
अपने ही सृजन को कुतरने लगता है।

[27.01.2009]

ओ.पी.डी.

रात पथराती है
दिन थरथराता है

सुबह-सुबह पहुँचने की जल्दी
रात की नींद को गठरी में लपेटे
कुछ इधर बिखरे
कुछ उधर बिखरे
सबसे पहले नम्बर पाने की जल्दी

थोड़ा इन्तिज़ार
थोड़ा इतमीनान
लगता है गाली समान

ज़िंदगी भागी जा रही
कैसे लें दम!

सब जगह ग़म खाओ
ग़म
इधर आँखें ही आँखें
बचवा की याद में
हो रहीं नम!

अबकी न चूके नम्बर ये
पिछला तो चला गया
बिना आए बीत गया!

अधजगा डॉक्टर रात भर सो नहीं पाया है
कल जो बीमार
आया है
आज कहाँ साया है

ज़िंदगी से जूझते
मौत को पाया है।

धक्का-मुक्की, ठेलम-ठेल, उचक-पुचक, ताक-झाँक
ओ बूढ़े! ऐ! ऐ लड़के!
घिस्स-फिस्स, सिट-पिट,
लातम-जूतम रेलम-पेल

भागो, हटो, हे, अबे
चल-चल
चल बे!

पूछते हैं
कौन सा नम्बर आया है
हाथ में लहराते हैं अमरता की पुर्ची
जिंदगी से जूझते मिली
मौत जो अभी-अभी!

भीतर से जो आया है
सीना खोल मुस्कुराया है
जूझते-जूझते

जिंदगी जो पाया है।

जो बाहर है
मुरझाया है
पता नहीं नं. भी पाया है
या लम्मर लुटाया है

रात अभी बाकी है
दिन भी गँवाया है।

[18.05.2009]

बी.एच.यू. परिसर में एक शाम

शाम की स्याह कालिमा
धावते चहुँओर लोग
हस्बे-हाल रोशनी से नहाई हुई सड़कें
सघन झुटपुटे में मोर करते नृत्य
बच-बचाकर

युवक-युवतियों का दल
घंटों दौड़ने के बाद
घंटों तक ही पहुँचता
भगवान थोड़ी उम्र दे
थोड़ा विश्वास
थोड़ी अक़्ल दे
थोड़ा वजूद

उछलते फिर कहते
इसी तरह उछलते
घंटों से बँधी इच्छाओं के बीच।

सुदूर पश्चिम का आदमी
बिल गेट्स के कम्प्यूटर से बरबराता

तकनीक़ की दुनिया में बस इतनी सी तहरीर

सेंसेक्स की उछाल में क्यों इतनी सी चाल!

परिसर में सन्नाटा पसरा
सूरज के ढलने के साथ
सब ढले

मौसम ऐसा कि कहीं से आओ
तापमान यहीं का बताएगा
अस्पताल होने के बावजूद
कुछ भी सुनाई नहीं देगा

पेड़ों की ओट जो है
सो है।

कितना अजीब है एक पूरे परिवार का
एक भरे-पूरे बाड़े में बदल जाना
कि जहाँ अँगड़ाई की ज़रूरत है
लोग अलसाने लगे हैं।

पढ़ते-पढ़ते
भुनभुनाने लगे हैं।

दरवाज़ा चारों ओर से बंद है
बस कहीं-कहीं हस्बेख़्वाब
खटखटाता है एक बीमार
इन्हीं दीवारों में अपने को विसर्जित करता हुआ।

[13.05.2009]

बसंत

यह बसंत है।

धीरे-धीरे भरता जीवन रस
चढ़ता यौवन ज्यों मकरंद पात
उठती सिहरन जब गात-गात
झर-झर झरते सब दिवस-रात
आलस पियराता लालस ललियाता
नदी-नार के ठहरे पानी में
भाप-ताप सा उतराता
यह बसंत है।

तापस-तपसी का शीर्षलेख
उत्तप्त जवानी का जोखिम
मन की निजी गहराई में
हलचल-सा ज्यों तनहाई में
बिछला-बिछला फिसला-फिसला
उषा काल की दखिनाई में
चलता-फिरता बटरोही सा
यह बसंत है।

होगा कोई ज्यों अनदेखे
भ्रमरी हवा की बेला में

गुजर गया होगा पथ में
पागल पिकी पे
मुसकाते–

अपना तो बस कर्म अनाहत
आकुल चित से रस भरता
आतप में भी वात सा तिरता
ठिठुरन में किट–किट करता

बोझिल पाँवों जो बचा रह गया
बुद–बुद करता
खुद–बुद करता
वही बसंत है।

हाँ, यही बसंत है।

[बसंत पंचमी, 2010]

घर

1.

घर बनाने में बहुत से सामान आए।

घर को मिला सीमेंट, बालू और सरिया
मिले कुछ कारीगर, बढ़ई और मजदूर

मेरे हिस्से में आईं कुछ ध्वनियाँ

मैं इन्हीं ध्वनियों को सुनता हूँ
और इन्हीं के सहारे
घर के भीतर पाता हूँ
खुद को।

2.

घर ध्वनियों से मुक्ति के लिए नहीं होता
वह होता है
ध्वनियों को सुनने के लिए

जितनी ही बड़ी ध्वनियाँ
उतना ही सुंदर घर

मेरे घर का पता इन्हीं ध्वनियों में है।

3.

मैं अपने घर में एक किताब की तरह प्रवेश करता हूँ
पन्नों की तरह उसके कमरों में टहलता हूँ
और पिछवाड़े के जिल्दनुमा दरवाजे से जब निकलता हूँ

तब खुद को
एक बड़े घर में पाता हूँ
जिसमें कई रोशनदान उभर आए हैं

इन रोशनदानों से ध्वनियाँ आती हैं
जहाँ मेरे पुरखे फुसफुसाते हैं।

4.

जब नहीं था
नहीं होने का गम था

हर बार छोटी पड़ती गई चारपाई
हर बार किताबों के लिए जगह कम पड़ती गई
हर बार मेहमानों के लिए कोने का रोना रोता रहा

अब जब घर है
तब होने को लेकर नम हूँ
कैसे मिलेगा इसको दाना-पानी
कैसे देखूँगा इसके अकेले का होना
सफर की दुनिया में

घर में होने न होने के बीच
थरथराता है वजूद
अपनी ही उपस्थिति का।

5.

जब खाली जमीन थी
एक बड़ा घर मेरे सामने था

जैसे-जैसे जमीन भरती गई
बड़ा घर
छोटा होता गया
मेरे सामने।

6.

मैंने गृह प्रवेश किया
अतिथियों की जूठन के साथ
मैंने भी गिराए कुछ दाने

अब घर में रहने भी लगा हूँ
चूल्हा-चौका सब कुछ ठीक-ठाक ही है
पहले से थोड़ी जगह भी ज्यादे ही है

लेकिन मुझे ही नहीं मिलता वह घर
जिसे भूमिपूजन के ठीक पहले तैयार किया था
नक्शे में।

[21.11.2010]

एक कवि की तलाश में

यह जो घर है
कोई आकृति नहीं है

कितनी शामे-ग़रीबाँ गुजारी हैं इस घर में
कितनी रातों को कितनी बार काँपा हूँ इस घर में
कितने दिनों में कितने सूर्य को उतारा है अपने कंधों पर

यह मेरे सिवा कोई नहीं जानता।

रात की घुरघुराती ट्रकों के बीच गंगा की नमी को कितनी बार सोखा है इस घर ने
कुत्तों, बिल्लियों, झींगुरों और मेढकों की आवाजों के बीच
कितनी बार बाल्टों की खनखनाती आवाजों को महसूस किया है इस घर ने

यह मेरे सिवा कोई नहीं जानता।

बिजली के तारों पर बैठे कौवों ने कितनी बार अपनी पाँखें फड़फड़ाई हैं
कितनी बार एक कबूतर ने खोते बनाए हैं
कितनी बार एक गौरैया इसके आँगन में उतरी है
कितनी बार एक भैंस ने इसके खम्भों से अपनी गरदन को खुजलाया है

यह मेरे सिवा कोई नहीं जानता।

ये जो ध्वनियाँ हैं
बच्चे के चिल्लाने से ज्यादे खराद पर चढ़ी हुई लकड़ियों की ध्वनियाँ हैं
ढलाई के वक्त चलती मशीन से ज्यादा तगाड़ी के साथ दौड़ते मजदूरों की ध्वनियाँ हैं
सामानों के टकराने से ज्यादा सीमेंट की फैक्टरियों से उठकर आनेवाली ध्वनियाँ हैं।

आखिरकार थोड़ी सी नमी, थोड़ी सी रोशनी और थोड़ी सी हवा तो बची ही रहती है
साँस के एवज़ में*
एक घर में

मैं जब नहीं हूँगा
यह घर तब भी होगा
आत्मा की तरह उड़ता हुआ
एक कवि की तलाश में।

[11.07.2011]

* शमशेर की कविता पंक्ति

पोस्टर

मकान खाली है
दुकान खाली है
संस्थान खाली है

आजकल बहुत कुछ खाली है
बताता है पोस्टर
चिपका जो रहता
कभी ए.टी.एम. मशीन के ऊपर
तो कभी पी.सी.ओ. के बगल में

हर पोस्टर कुछ न कुछ बता ही जाता है
कुछ न कुछ दर्ज कर ही जाता है
खाली जगह

मैं हर पोस्टर को गौर से पढ़ता हूँ
एक-एक हर्फ़ को बाँचता हूँ जैसे पहली बार
कि कहीं दिख जाए उस आदमी का भी पोस्टर
जो खाली है
जिससे मिल सकूँ
और बतिया सकूँ
अपना दर्द
जी भर।

[10.06.2011]

प्यारे कौवे

प्यारे कौवे
चोंच मारने का समय नहीं है यह
न ही यह उपदेश देने का समय है

यह समय आषाढ़ का है
जेठ की तपिश के बाद का समय है यह

तालाब में भरपूर जल भरा है
कुंडे की शीतलता व्याप्त है इस सीवान में
और धरती के बिस्तर पर चौड़ा आराम जैसा
फैला है आकाश

कृपापूर्वक आओ
इन तालाबों में अपना शिकार खोजो

तुम झूठे ही बिजली के तारों पर अपनी चोंच पोंछते हो।

देखो न
तुम्हारी मलकिन ने तुम्हें कितना अच्छा अवसर दिया है
तुम्हारे लिए उसने एक मुँह भरी चुप्पी साध ली है

यह मेहनत का समय है

भर बरसात घर भरने का समय है

तुम आओ
पूरी ताकत के साथ आओ
इधर-उधर मत देखो

वक्त बहुत कम है
मौसम का मिज़ाज कोई नहीं जानता

यह चोंच रगड़ने का नहीं
यह चोंच को सही दिशा देने का समय है।

[12.07.2011]

बाटी

गोल-गोल बँधी लोई
मुट्ठी भर सिंकी पोई
बादल भर कटी बोई
कौन बतावै ले गया कोई।

दावत में खोई-खोई
स्वाद में अब धोई-धोई
धंधेबाज चूल्हों में
धुकुर-धुकुर इहै होई।

कौन जाने
का होई
हम पोवब
की उ पोई।

[12.07.2011]

शोर

बादल जितना ही चिल्लाते हैं
सावन उतना ही घबराता है

आस्थाएँ जितनी ही फड़कती हैं
ईश्वर उतना ही दूर होता है

शोर! शोर! शोर!
एक अंतहीन सिलसिले का शोर
फैल गया है चारों ओर
और मैं भाग रहा हूँ
अपने ईश्वर की तलाश में

ईश्वर खुद ही एक शोर है
जो कि मेरे चारों ओर है

यह नई सदी का भोर है
ईश्वर का ईश्वर से जोर है।

[02.08.2011]

पेड़ और पिता

1.

एक पेड़ जो कि पेड़ नहीं था
जब गिरा तब पेड़ हो गया

गिरना
जैसे अपने नाम को पाना है।

2.

पिता वर्षों घर की सूची से गायब थे
जैसे एक पेड़ गायब रहता है
सड़क की सूची से

एक पेड़ जब गिरा
तब पिता की याद आई

एक दिन गिरेंगे पिता भी
आँगन की याद लिये!

3.

पिता फिर उगेंगे

एक पेड़ की तरह

और खुशबू की तरह छा जाएँगे
पूरी कायनात पर।

[10.09.2012]

भैंस

भैंस पगुरा रही है

भयानक तपिश के बाद
अभी-अभी उसने पानी पाया है

झहर-झहर बरस रहा है अषाढ़
और वह गड़क कर बैठी है सावन की तरफ मुँह किए

अभी-अभी वह मड़िया से निकली है
धुल-पुँछकर चिकनी हो गई है
और चमकदार भी

रोएँ उसके बड़े ही मुलायम
इतने कि अँगुलियों से पकड़ में न आएँ

लेकिन चहड़कर बैठी है
सड़क के बीचोबीच
हर खतरे को धता देती हुई

आखिरकार यह उसकी भी तो सड़क है
जिसे कुछ ही दिन पहले
इसने खाँचा था खुरों से

अपने मालिक से लाड़ करती हुई।

रास्ता बंद है
गाड़ियों की कतारें हैं चारों ओर
भन्नाई हुई आवाजें फेंकती हुईं

यह दो चमकदार चिकनी चीजों का तनाव है
जिसमें एक के पास अपनी चमक है
दूसरे के पास उधार की

भरा कोलाहल है चारों ओर
सत्ता व शासन के बीच भारी आपाधापी है
देश के सामने एक बड़ा खतरा है
कि रास्ता बंद है
और भैंस है कि थसड़कर बैठी है
काँटेदार जबड़ों को हिलाती हुई।

यह तब की भैंस नहीं है
कि आप जब चाहें
उसके पुट्ठे पर हाथ रख दें
और वह भहराते हुए चौंक जाए
एक काँपते हुए भविष्य जैसी।

फिलहाल तो हालत यही है कि यह एक भैंस है
जो अकड़कर बैठी है
और कड़ककर पगुरा रही है।

[12.08.2011]

एक स्त्री सुबह-सुबह बच्चे को छोड़ने बस तक जाती है

एक स्त्री बच्चे को छोड़ने बस तक जाती है

वह बच्चे को लेने की तरह छोड़ती है और छोड़ने की तरह लेती है

अलस्सुबह वह बच्चे को तैयार करती है–
बैग ठीक-ठीक है
पानी रख लिया
टिफिन रख लिया
और सुनो-सुनो
रूमाल रखना तो नहीं भूले

जाने कितने ही सवाल उठते हैं उसके मन में जिन्हें बस तक छोड़ती जाती है।

यूँ सवाल आगे-आगे चलते हैं और वह पीछे-पीछे चलती है
वह बच्चे को देखती है और
संग बच्चा आकाश देखता है

घर से रास्ता बमुश्किल दो सौ मीटर की दूरी पर है
लेकिन इस दूरी में वह बच्चे की पूरी उम्र पार करती है

वह हिदायत को एक पाठ की तरह प्रस्तुत करती है और हिदायत देती चलती है कि

इस पाठ को कभी भूलना नहीं
कि किसी से कभी उलझना नहीं
कि किसी से कभी कुछ कहना नहीं
कि किसी से कुछ खाना नहीं
कि दोस्त रखना
लेकिन दोस्ती न करना

इस स्त्री के माथे पर लकीरें हैं
समाज के सीने पर बिछी संस्कृति की तरह

वह चारों तरफ से लिपटी है
कठोर होती हुई मासूमियत में

बार-बार एक धुंध छाया रहता है उसके चारों ओर
और बच्चे के चारों तरफ अमरबेलि की तरह लिपटी हुई
वह एक भाषा हो गई है

नदी में उठती लहरों की भाषा।

इस तरह वह हर दिन बस तक जाने और बस के लौटने तक
वहीं खड़ी रहती है
बच्चे की भाषा में अटकी हुई 'लेकिन' की तरह।

बच्चा बड़ा हो रहा है
उसके सपने बड़े हो रहे हैं
लेकिन स्त्री है
कि अभी भी वहीं पर खड़ी है
अपने सपनों को छोटा करती हुई।

[05.07.10]

हमारे समय का एक शोकगीत

बोलो
उसके पक्ष में बोलो
जिसके पक्ष में अब तक विरोध करते रहे

दक्षिण पंथ पर बोलो
आतंक पर बोलो
हिंसा और अत्याचार पर बोलो
बर्बरता के पक्ष में बोलो
बोलो हत्यारे पर
बोलो साम्राज्य पर
बोलो राज और साज पर

खराब कविताओं पर बोलो
खराब रचनाओं पर बोलो
बोलो खराब विचारधाराओं पर

शरमाने का समय नहीं है यह
बोलो उसके पक्ष में जिसके प्रतिपक्ष में अब तक बोलते रहे
जिनके साथ बने रहने तक आजादी और मुक्ति के गीत गाते रहे
उनके बारे में बोलने की जरूरत ही नहीं

बहुत ढो लिया जीवन

प्रतिबद्धता, सम्बद्धता व आबद्धता ने कुछ नहीं दिया
निराला व नागार्जुन इसी को ढोते-ढोते विदा हो गए
अपने आकाश सा उन्मुक्त मन लिये

क्या करोगे इस मुक्त मन को लेकर
जिसकी एक कलम भी नहीं खरीद सकते
इसके पीछे की कथा ही लिख सकते जिससे

लिख सकते वह दर्द
जो दबाए रहे वर्षों तक

अब जब सब कुछ चुना जाने लगा है
बाजार में चुने जाने की अनथक बोलियाँ लग रही हैं
तुम भी चुनने को उठो
और चुनो अपना पक्ष

और कहो
कि सब साम्प्रदायिकता बुरी ही नहीं होती
सब साम्राज्यवाद खतरनाक ही नहीं होता

पूँजी का पैसा कहीं से भी आए
आखिरकार पैसा ही है
जिसका कोई धर्म नहीं होता!

आखिरकार हमारे समय की यह भी एक कृतज्ञता ही है
(नपुंसक कृतज्ञता ही सही)
कि जिसके खिलाफ कहते-सुनते तुमने एक पहचान बनाई है
उसके पक्ष में एक बयान तो दिया।

संभव है यह बयान तुम्हें अर्थपूर्ण लगे और तार्किक भी

तुम्हें दे ऐसा स्वाद
जिसमें दाँतों को दम भरने की जरूरत ही न हो

जबड़े हों इतने हल्के व मुलायम व लोचदार
कि सब कुछ सरक जाए
हलक के नीचे
साबुत–
साबूदाने की तरह
लेकिन याद रखो
वफादारी की इस पूरी होशियारी में जो बचेगी
वह महज एक देह ही होगी
आत्मा के गेह से विसर्जित होती हुई!

[15.08.2011]

टपकना

(प्रिय कथाकार अखिलेश के लिए)

टपको
जैसे टपकती हैं नन्ही बूँदें
पथरीली चट्टानों पर

टपको
जैसे टपकती है साँझ
दिन के वक्ष पर
जैसे टपकता है महुआ
राहगीर के कंधों पर

तुम्हें टपकना है
नन्हे-नन्हे खेतों पर
किसान के पसीने की तरह

तुम टपको
सावन में टपको
भादों में टपको
आषाढ़ में ही नहीं
फाल्गुन में टपको

शिशिर में टपकती पत्तियों की तरह टपको

ग्रहण के बीच एक वजूद बन टपको
मौसम में ही नहीं
मौसम के बाहर भी टपको
जीवन के अंजाम में आग़ाज बन टपको।

टपको जैसे टपकती हैं स्मृतियाँ प्रेम की
जैसे टपकती हैं यादें अतीत की
जैसे टपकती हैं चिट्ठियाँ
सफाई के वक्त
जिन्हें हम वर्षों से खोज रहे थे।

वर्ष भर इंतजार करती
एक शापग्रस्त स्त्री के सपनों में टपको
बेरोजगार की आशाओं में टपको
कमजोर का विश्वास बन टपको

तुम टपको
जैसे टपकती है नफ़रत
धर्मध्वजाधारी चुगलखोर के आचरण से

हिंसा, बलात्कार, शोषण और आतंक के खिलाफ
एक आवाज बन टपको।

एक आब की तरह
अकेले में ही सही
टपको।

तुम टपको
जैसे टपकती है जामुन धरती पर
आषाढ़ की पहली बारिश में

या कि जैसे टपकती है इमली
बच्चे के पहिले ढेले के साथ

उठो हे हो उठो और टपको
खेल में उठी गुल्ली की तरह
हवा में लहराती पतंग की तरह
या कि अँधेरे के आग़ोश पर आफ़ताब की तरह।

तुम्हारे टपकने से संभव है कुछ सूखने से बच जाए
कुछ फेंक सके नई कोंपलें
हरियाली उम्मीदों के साथ।

[13.04.2013]

होना भी कहाँ था वह

(कवि शमशेर को याद करते हुए)

(प्रस्तावना–
इसे कुछ इस तरह पढ़ा जाए
कि इसे मुझे नहीं ही होना है
यानी कि इसे मेरे कवि का नहीं होना है।

और अगर कुछ होना है
तो यही होना है
कि उसे कुछ होना है
कुछ नहीं से कुछ बेहतर होना है–
पूरा नहीं अधूरा होना है)

जो होना है   होगा
होने को लेकर जो होना होगा   होगा
होगा भी कितना होगा
शायद ही   होगा

होगा होगा होगा
होने की स्मृति होगी
होने का वर्तमान होगा
होने का भविष्य होगा

होने की हल्दी होगी
होने की चीनी होगी
होने की चाय होगी

नहीं होगा
तो यही होगा
'नमक' नहीं ही होगा।

कभी यह होगा कभी वह होगा
कभी भोगा होगा
कभी योगा होगा
कभी होगा होगा

नहीं होगा
तो यही होगा
जो होगा
अच्छा ही होगा
अच्छा ही होना होगा।

उसे कुछ होना होगा
अपना नहीं, पराया होना होगा
संबंध नहीं, रिश्ता होना होगा
ध्वनि नहीं, शब्द होना होगा
मूल्य नहीं, संस्कृति होना होगा

पानी नहीं, नदी होना होगा
अर्थ नहीं, भाषा होना होगा
गंध नहीं, रंग होना होगा
धरती नहीं, आकाश होना होगा

उसे वर्तमान नहीं, भविष्य होना होगा
उपस्थिति नहीं, उपलब्धि होना होगा
कविता नहीं, कला होना होगा

अरे धत तेरी की
वह भी क्या होना होगा
होकर भी क्या होना होगा–

नागार्जुन का 'सूअर' होना होगा
त्रिलोचन का 'भोरई' होना होगा
शमशेर का 'बैल' होना होगा
केदार का 'हथौड़ा' होना होगा।

और आँ! हाँ! अरे! ओ! अबे! वह मुक्तिबोध
वह तो गजब का होना होगा
एक पागल और विक्षिप्त होना होगा
सिगरेट नहीं बीड़ी होना होगा

यह सब होकर भी क्या होना होगा
केवल आघात ही आघात ही होना होगा
नकली नहीं असली होना होगा!

उसे तो होना होगा
होने का ही होना होगा
खुरदरा नहीं चिकना होगा
पिछले को चबाता होगा

कभी इधर होगा, कभी उधर होगा
कभी साधक होगा, कभी साधो होगा

कभी सुर होगा, कभी ताल होगा।

जिंदगी जैसी भी है सुन रे ले अहले वतन
हम धमकते जाएँगे ज्यों उछलता जाए है मन।

ईंट-पत्थर पूजना ही जन्म से मैंने सुना
क्या करूँ गर पाँव पूजा इश्क मस्ती है बुना।

होना भी वह क्या हुआ होने को लेकर जो हुआ
एक हुनर चलकर जो पाए मैंने पाई पा दुआ।

इस होने को लेकर जो होगा
वह यही होगा
कि उसे एक नफ़रत होना होगा
एक हिंसा होना होगा
एक आतंक होना होगा

जो होना होगा
वही होगा
यह होगा
तब कुछ नहीं होगा
एक 'नियति' होगा।

इसी में से कुछ तो होगा
जो होना होगा
अच्छा ही होगा

अपना न सही पराया होगा
हारा नहीं हराया होगा।

कुछ नहीं होने से होना ही अच्छा होगा
होना भी कहाँ होगा वह
गर यहीं होगा
सब कुछ होना ही होगा।

(यह शीर्षक शमशेर की एक काव्य पंक्ति से लिया गया है। साथ ही यह बताना भी जरूरी है कि इसका किसी भी जीवित पात्र से कोई संबंध नहीं है।)

[15.09.2011]

जयांदोलन

इन आँखों को ठीक से पढ़ो
आँखें जो झुकी रहती थीं वायदों और आश्वासनों की विनम्रता में
एक ललाई के साथ फूट पड़ी हैं
हृदय के गहरे तहखानों से

इनकी आवाजों को ज़रा गौर से सुनना
ये इनके भीतर से फूटते हुए लावे हैं
जो धरती को कँपा रहे हैं

इन्हें बहलाने की कोशिश मत करना
ये अपनी ही रिक्तता के भार से उठे हुए अरमान हैं
जो हर आँख से आँसू पोंछने को निकल पड़े हैं।

मेरे लोगो
इन्हें भरमाने की कोशिश न करना
ये विचार के संग्रहालय से उठने वाली आवाजें नहीं हैं

इनमें खेतों में तपी हुई जिंदगी की आहटें हैं
जो ठहरी हुई मुस्कुराहटों को बेचैन कर रही हैं

इन्हें ठीक से सुनो
ये अपने वजूद के सन्नाटे से निकलती हुई ध्वनियाँ हैं

जिनमें कुछ स्मृतियाँ गूँज रही हैं।

ये अँधेरे की स्मृतियाँ हैं
जो दूब की तरह धरती को तोड़ रही हैं।

[15.09.2011]

सावन में शिव

सावन में शिव आराम कर रहे हैं
उनके ऊपर टपक रहा है श्रावणी जल

दूर कहीं दूर बैठा
एक रावण हँस रहा है

इस शिव के भीतर कई शिव समाए हैं
वर्ष के ग्यारह महीनों की अटकी बूँदें
किसी बड़े आकाश से टपक रही हैं।

यह बीजों के लगने का समय है
धरती गीली है
और आसमान मुलायम

चारों तरफ पानी की सफेद चादर फैली है
सन्नाटे को चीरती हुई आवाजें उठ रही हैं
हर हर रह रह हररह हहरह हरर हहर!

एक आदमी जोर से खाँसता है
और उसके झोले से निकल पड़ता है बम
'बोल बम'

यह शिव जी का बम है
जिसमें अब नहीं है कोई बारूद
गजासुर को मारा था जिसने एक समय में

कितनी सदियों से गुजरकर हमारे तक पहुँचा है यह बम
कितना खंडित और प्रभाहीन हो गया है यह हमारी अर्थहीन आस्थाओं में
कि कागज का एक टुकड़ा भी हमारी जुबान को गूँगा कर जाता है

हमारा यह गूँगापन बता रहा है कि हम
एक विकसित समाज के अत्यंत पिछड़े नागरिक हैं
जिसने सब कुछ को छोड़ दिया है दूसरों पर
दूसरे तीसरे पर

और एक अन्तहीन सिलसिला यूँ ही चलता रहता है
सावन की रिमझिम बूँदों के इन्तजार में।

कितना मुश्किल है कि मैं किसी पर भरोसा नहीं कर सकता
वह आदमी जो हजारों मील से चलकर मुझसे मिलने आया है
उसके लिए मेरे पास समय नहीं है

मैं टहल नहीं सकता उसके साथ
सम्बन्ध अब ध्वनियों में कहीं खो गए हैं
हवाएँ अब आँधियों में विलीन हो गई हैं
मौसम अब अभिषेकों में बह सा गया है

सावन है कि अब बहुत शोर कर रहा है
मेरे अंदर फिर कहीं कुछ सुलग रहा है!

कागद पर लिखा एक-एक शब्द
बेहद कीमती शब्द

लावा बनकर फूट रहा है

मेरे भीतर भय व आशंका उतरती जा रही है
और अचानक मैं एक ऐसे कब्रिस्तान में होता हूँ
जहाँ अपने लिए एक अलग दुनिया पाता हूँ

सावन में उमड़ते देवता
एक-एक कर मेरे पास आते हैं
मेरा आँसू पोंछते हैं
और आश्वस्त करते हैं कि अगले सावन में वे फिर मेरे साथ
इस धरती का दमकता हुआ सौंदर्य देखेंगे।

मेरे सारे भावुक दावे एक-एक कर उजड़ते गए हैं
एक बहुत कीमती सपना
अपना होने का सपना
लपटों में कहीं जल रहा है।

इस तरह मेरा बसा हुआ संसार
बार-बार के एक बेबस डर के सामने बिखर गया है

जब कि शिव जी हैं कि आराम फरमा रहे हैं
इस सावन में।

[श्रावणी पूर्णिमा, 2012]

उम्मीद

जो है
उसकी चिंता करने की क्या जरूरत है
जैसे कि वर्तमान

जो नहीं है
उसे पाने की दौड़ लगाना एक वहशीपन है
जैसे कि भविष्य

है और नहीं के बीच
एक तनाव है

यह उम्मीद का तनाव
और इस तनाव के साथ जीते जाने में क्या हर्ज़ है।

[25.09.2011]

जाम

जाम में फँसी एक एंबुलेंस अपने हूटर लगातार बजा रही थी। दिन के लाल उजाले में उसकी नीली बत्ती लगातार चमक रही थी। एक आदमी अभी-अभी बेहोश हो गया था। वही आदमी अस्पताल ले जाया जा रहा था।

जाम के खाली कराने की कवायद जोरों पर थी। लोग दोनों तरफ से रास्ता खुलवाने के लिए बेचैन थे। भीड़ में एक मोटा थुलथुल आदमी जिसकी शक्ल करीब-करीब भारत सरकार से मिलती थी, लगातार के जाम से बेखबर कहीं बातें किए जा रहा था। इधर जिंदगी ठहरी हुई थी और उधर बगल से एक नीली बत्ती धीरे-धीरे सरक रही थी।

एक मजदूर अपनी बकबकाहट की तरह अपने ही कंधों पर अपनी साइकिल को उठाए निकल रहा था। एक बच्चा अपने बस्ते पर उछलता हुआ स्कूल पहुँचने की कोशिश कर रहा था। एक औरत लगातार अपने आँसुओं में अपने सिंदूर की दुआ माँग रही थी। और एक सिपाही लगातार साहब के लिए सीटी बजाने में व्यस्त था।

सब कुछ सरक रहा था। सबके सामने फिर भी कुछ की तरह कल बचा हुआ था। यदि कहीं कुछ नहीं बचा था तो वह एंबुलेंस ही थी जिसका आदमी अब घर लौट रहा था।

वह आदमी अब शांत था। अब उसे कोई भी जाम नहीं रोक सकता था।

[25.09.2011]

वसीयत

जो आहट थी आसपास
वही मेरी परम्परा थी
और इसे ही मैं अपनी वसीयत में लिख रहा था

मेरी कविता ही मेरी वसीयत है
जहाँ मेरी आहटों को दाना-पानी मिलते रहने की बातें दर्ज हैं

मेरी इस वसीयत में उन सभी के नाम दर्ज हुए समझे जाएँ
जिनके कारण मैं वसीयत लिखने के लायक बना।

[15.09.2011]

गंध

गंध कुछ और नहीं
रंगों को भीतर तक उतार देना है।

रंगों से छनकर आती गंध
मेरी आँखों से ज्यादे नथुनों को भर रही थी
जहाँ से मेरी धमनियों में रंग उतर आता है

जिसे दुनिया ने रंग की तरह पहचानने की कोशिश की
उसे मैंने गंध की तरह महसूस किया है
और धरती पर पसरता जाता हूँ

मुझे मालूम है कि आकाश के पास रंग ही रंग है
जो कि ठहरा हुआ है

गंध तो धरती के पास ही है
जिससे उसका डोलना संभव हुआ है।

[15.09.2011]

एक स्त्री घर से निकलते हुए भी नहीं निकलती

एक स्त्री घर से निकलते हुए भी नहीं निकलती
वह जब भी घर से निकलती है
अपने साथ घर की पूरी खतौनी लेकर निकलती है

अचानक उसे याद आता है
गैस का जलना
दरवाजे का खुला रहना
नल का टपकना और दूध का दहकना

एक-एक कर वह पूछती है
प्रेस तो बंद कर दिया था न!
आँगन का दरवाजा तो लगा दिया था न!
किचेन का सीधा वाला नल बंद करना तो नहीं भूली!

अरे! हाँ! वो सब्जी
वह महँगी हरी पत्तियों वाली सब्जी
जो अभी सुबह ही तो लाई थी सटटी से
प्लास्टिक से निकाल दिया था न!

हाँ, हाँ अरे सब तो ठीक है
आपको ध्यान है अलमारी लॉक करना तो नहीं भूली
अभी कल की ही तो बात है महीनों के बचाए पैसे से नाक की कील खरीदी थी।

इस तरह वह बार-बार याद करती और परेशान होती है
कि दूध वाले को मना करना भूल गई
कि बरतन वाली से कहना भूल गई कि उसे कल नहीं आना था
कि पड़ोसिन को बता ही देना था कि कभी-कभी मेरे घर को भी झाँक लिया करतीं।

इस तरह एक स्त्री निकलती है घर से
जैसे निकलना ही उसका होना है घर में।

[25.09.2011]

ऐ

वर्षों तक घर बनाने के बावजूद उसका वजूद 'ऐ' ही रहा

इस घर में लगी ईंटों का नाम भी उनका अपना था
सीमेंट की बोरियों की अपनी एक खास मुहर थी
सरिया पर भी कुछ न कुछ लिखा ही रहता था
और इन सभी को मिलाकर जो कुछ भी बनाया जा रहा था
उसका भी अपना एक नाम था

नाम ही क्या
कहना तो यह है कि पूरा मकान ही इसी एक नाम की ओर बढ़ता हुआ मकान था
जहाँ एक नक्शा आहिस्ता-आहिस्ता दीवारों में बदल रहा था

पावस की झहर-झहर बजती बूँदों के साथ वह प्लास्टिक की छतों से अपने सिर को छिपाए हुए था
दादुरों और झींगुरों की उफनती आवाजों के बीच उठती पलकभर की नींद में वह सुस्ता ही लेता था
बगल के मकान में बजती फोन की घंटियों के बीच वह तारों के बीच मुस्कुराकर अपनी घरवाली के बारे में सोच ही लेता था

इस तरह दिनों महीनों सालों उसने काटी थी जिंदगी
आषाढ़ की अमावस्या से लेकर जेठ की पूर्णिमा तक सूँघता रहा मौसम

कविता में एक जिम्मेदार शब्द की तरह घर में भरता रहा एक नया अर्थ

फिर भी वह ऐ ही रहा
जबकि घर से निकलता हुआ मालिक पुकारते हुए उससे कहता है–

'ऐ' आशीर्वाद को जरा देखते रहना
मुझे कुछ जरूरी काम से बाहर जाना है।

[15.09.2011]

उसने फिर नंबर बदल दिया

उसने फिर नंबर बदल दिया
और दोस्तों को एस एम एस कर दिया कि अब पुराने नंबर को समाप्त हुआ समझा जाए
अब यही चलेगा मेरा नम्बर

यह हरकतें अब वह अक्सर ही किया करता है
अक्सर ही लोगों को संदेश देकर बंद कर देता है पुराना नंबर
जैसे सुबह की हवा उसके घर में ऐसे ही आती है
पिछले को खाती हुई।

उसे किसी भी स्थायित्व से नफरत है
वह नहीं चाहता कि एक ही नंबर से वह चिपका रहे
सुनता रहे एक ही टोन बार-बार
और लोग उसे दीर्घकालिक अपेक्षाओं के दायरे में परेशान करते रहें

उसे हमेशा ही चिंता रहती है नई योजनाओं की, नई तारीखों की, नई छवियों की
नई से नई वस्तुओं की अब उसे आदत पड़ चुकी है

वह हर नए को देखता है पहली बार
एक नए जन्म की तरह!

हर नए को वह अपनी गठरी में लादे ले आता है घर में

और रात के अँधेरे में फैला देता है पृथ्वी पर
कल की रोशनी के लिए।

अब वह इसी तरह पहचानता है अपने मनुष्य को
और थोड़ा और मनुष्य होने की जिद में बदलता रहता है अपना नंबर
गोया बदलते रहना ही नए जमाने की एक बड़ी कृतज्ञता हो!

नए से नएपन की चाहत में
बहुत कुछ छूटता जा रहा है पुराना
पुरानी बातें, पुरानी यादें, पुरानी धुनें, पुराने लोग
पुरखे भी पुराने से पुराने होते जा रहे हैं।

हर क्षण बदल रही है दुनिया
हर क्षण बदल रहा है मौसम
हर क्षण बदल रहे हैं लोग
और हर क्षण बदल रहा वह नंबर
जिसने नंबर लेने से इंकार कर दिया था
एक दिन!

[15.09.2011]

यह पेड़ के खिलाफ दीमकों की साजिश का समय था

यह पेड़ के खिलाफ दीमकों की साजिश का समय था
और सत्ता अपनी दमक में
जनता के दमन की सभाएँ कर रही थी

अन्ना हजारे के जनांदोलनों के ठीक बीचोबीच
दीमकों ने एक साजिश की
उसे एक संगठित रूप दिया
और अर्थ देने की चाहत में एक पेड़ से लिपट गए

लिपटना इन दिनों दीमकों के स्वभाव का हिस्सा हो गया था
और अपने छिपे को वे यूँ ही उघार रहे थे!

इधर उन्हें लगने लगा था कि उनका सतह पर दिखना
पेड़ के गिरने की अनिवार्यता से जुड़ा मामला है

पेड़ धीरे-धीरे कमजोर हो रहा था
वह असमय ही जर्जरित हो रहा था
झुर्रियों की दरारों के बीच अब वह सँवलाता-सा जा रहा था
और उसकी जड़ों तक पहुँचने वाले रसद पर अब दीमकों का कब्जा हो गया था

दीमक अब छापामार युद्ध पर उतारू हो गए थे

और पेड़ को भेजी गई सभी खुराकों को वे रास्ते में ही रोक ले रहे थे।

उनके पास ठीक इसी समय छत्तीसगढ़ में उठने वाली आवाजों की एक समझ
थी
हालाँकि वे सलवा जुडूम के पक्षधर थे
और दंतेवाड़ा के नक्सलियों के मरने पर खूब मगन हो रहे थे

वे वहाँ के इतिहास से इतने परिचित हो गए थे कि
नक्सलियों के सबसे बड़े हथियार छापामार युद्ध से इतना तो सीख ही गए थे कि
एक पेड़ को कैसे कँपाया जा सकता है
कैसे उसे बुखार में उतारा जा सकता है
और कैसे उसकी आँतों पर हमला करके उसकी आत्मा में बनने वाले विचारों
को भोथरा किया जा सकता है

अब वे लगातार उसकी जड़ों में बैक्टीरिया घोल रहे थे
और जड़ों से लिपटकर उसके गिरने का इंतजार कर रहे थे!

लेकिन पेड़ तो आखिरकार पेड़ ही निकला
उसने एक कठफोड़वा का आवाहन किया
और एक संगठित साजिश के बावजूद
खुद को गिरने से बचा लिया

पेड़ का यह बचना दीमकों के लिए एक पराजय जैसा था और
आगे की कथा अब यह है कि दीमकों ने बिच्छू का रूप धारण कर लिया है
और डंक मारने की चाहत में
पूँछ उठाए इधर-उधर घूम रहे हैं।

[25.08.2011]

दीपावली में सत्याग्रह

अबकी दीपावली में मन काफी हरा और भरा था
अबकी बरसात भी ठीक-ठाक हुई थी
और अबकी मौसम भी काफी अच्छा था
धान भी खूब गदराया हुआ था

यह खेतों से उठकर आई मिट्‌टी के लहराने का समय था
तालाब थका और शांत था
सूरज शिथिल और संकोच से भरा हुआ था
और आदमी अपने हाथों की छुवन के बीच
हरी-हरी दूबों जैसा
मुलायम और गरम था

यहाँ बरसात का थिहाया हुआ संकोच था
जिसमें सूरज की किरनें
आहिस्ता-आहिस्ता सँवला रही थीं
और धरती अपनी दरारों को पाट रही थी

यहाँ पिछले के छूट गए का उत्साह था
तो उमगते यौवन के बीच मुस्कुराते जाने का उन्माद था

यहाँ सावन से ही कार्तिक में फलाँगने की कोशिश थी
जहाँ बेसुध नायिका की तरह उमड़ता हुआ बाजार था

जिसमें सूखी बत्तियों से नौ मन तेल टपक रहा था
और सैकड़ों दीपक बगैर बत्ती के चमक रहे थे

यहाँ पूर्णिमा की गमक थी
तो आषाढ़ की धमक
जहाँ चारों ओर यमक ही यमक था।

यहाँ बाजार में रोशनी के साथ ढेर सारी ध्वनियाँ थीं
लावा, लाई और गट्टे के बीच
तरह-तरह के मोम की बहार थी

यहाँ घूरे से लेकर पूरे तक
सरसों के तेल की महक थी
फिर भी बाती के नोक भर की जगह
दीये में शेष थी।

कहीं-कहीं भड़ेसर भी दिख ही रहा था
जो कुम्हार के चाक से निकलने के बाद
पहली बार स्वाधीनता का गट्टा चख रहा था।

यहाँ सब कुछ ठीक-ठाक था
और ढलती शाम से ही चढ़ती रात का इंतजार था

यहाँ प्रेम चारों ओर था और मिलन की एक सामूहिक बेचैनी
सतह पर तैर रही थी।

कहीं राज्याभिषेक था तो कहीं नरकासुर का वध
कहीं इंद्र का दर्प था तो कहीं कृष्ण का संहार
कहीं लक्ष्मी की आवाजाही थी तो कहीं दरिद्र के खिलाफ अभियान
कहीं सुंदर-सुंदर पाँव थे तो कहीं आवक पर फिसलते हुए दाँव।

यहाँ सब कुछ था
शाम थी, रात थी, उत्सव था, उत्साह था, लोग थे, बाजार थे, पूजा थी, पुण्य था,
लेकिन नहीं थे
तो किसिम-किसिम के कीड़े
जो राज्योत्सव के इस मौसम में
श्रद्धालुओं की शक्ल में प्रतिवर्ष यहाँ पर आ जाया करते थे
कभी न लौटने की अनकही कहानियों के साथ।

अब यह बदलते मौसम का तकाजा था
या कीड़ों के नागरिक समाज का विस्तार
कहना कठिन है
लेकिन इतना तय है कि कीड़ों की दुनिया में यह पहला सत्याग्रह था
जहाँ कीड़ों ने जलने से मना कर दिया था!

[दीपावली, 2010]

वास्तुशास्त्र

वास्तुशास्त्र कुछ भी नहीं है
सिवाय एक उम्मीद के
जिसे हमने आकार दिया है
धरती पर

आकाश कितना भी खुला हो
धरती कितनी भी गझिन हो
कठिन से कठिन पत्थर भी कुछ बोलते ही हैं
अपनी जगह को लेकर

दुनिया की सारी जगहें अपनी जगहों को लेकर ही उलझी रही हैं
और जिसे हम वास्तु शांति कहते हैं
वह असल में चीजों का अपनी सही जगह पर होना है

जिसे ठीक जगह पर बैठना था
वह अपनी जगह पर बैठा हुआ था
और शास्त्र की पहुँच से बहुत दूर
शायद कोटि प्रकाशवर्ष दूर
हमारे सपनों में ऐंठा हुआ था

तब शांति के रुपहले पर्दे
जो एक घर के कई कोनों में झिलमिलाते हैं

वास्तुशास्त्र नहीं हैं

वे हैं हमारे अपने सपनों के परिंदे
जिन्हें हमने ठीक जगह पर रख दिया है
उन्हें सही नाम से पुकारने के लिए।

[25.07.2011]

अँधेरे में काशी

शाम के वक्त लोग जब
अपने-अपने अड्डों को जाते हैं
काशी अपने अँधेरे में चली जाती है

काशी का अपने अँधेरे में जाना
अँधेरे में काशी का होना है
जहाँ जीवन की आहट मिलती है
और ज्ञानी अपना ज्ञान बघारता है

अँधेरे में काशी
उजाले की काशी से ज्यादा खूबसूरत है
और मादक भी

यह अँधेरे में मचलती है
और मिचलती भी
जहाँ दर्द है और प्रसव भी

अँधेरे में काशी
अपलक निहारती रहती है ग्राहक
टिकठी की तरह तनी हुई

कभी यह अलसाई हुई खूबसूरत नायिका है
तो कभी हुंकारती हुई नागिन
और इन दोनों के बीच

उसका बिस्तर वही महाश्मशान होता है
जिसकी ज्योति कभी बुझने नहीं पाती

इसकी हर घाटों में थिरकन है
और थकान भी
करीब-करीब उस बूढ़े की तरह
जो हर शाम घर से नाराज होकर निकल जाता है
अपनी जवानी की खोज में

अँधेरे में यह शव है
उजाले में पाखंड

अँधेरे में काशी को समझना हो तो
गंगा के ठीक बीचोबीच चले जाइए

काशी लगातार उभर रही होती है
सूरज लगातार डूब रहा होता है

काशी में चीजें अँधेरे में आती हैं
जैसे अँधेरे में आते हैं विचार
अँधेरे में आता है दूध
अँधेरे में आता है प्रेम

अँधेरे में काशी
एक तरफ से उठती है
तो दूसरी तरफ से सिकुड़ रही होती है

काशी का यह उठना और सिकुड़ना
काशी का अँधेरे में चलना है
एक ऐसे उजाले की तलाश में
जो हर बार थोड़ा स्थिगित हो जाता है।

[05.06.2008]

हाजी अली

खुले आसमान में टँगे हुए लोगों के बीच
काशी की स्मृति पर ओठँघा हुआ मैं
अचानक जब जगा तब पाया कि एक मज़ार के सामने खड़ा हूँ
यह हाजी अली की मज़ार है
समुद्र के बीचोबीच
समुद्र के किनारों को बचाती हुई

मुझे जानने की प्रबल इच्छा हुई
कौन थे हाजी अली
क्यों उन्हें कोई और जगह नसीब नहीं हुई
उन्हें क्यों लगा कि उन्हें समुद्र के बीचोबीच होना चाहिए
समुद्र के थपेड़ों को सहते हुए

कुछ ने कहा
हाजी अली सूफी संत थे
जो पंद्रहवीं शताब्दी में पैदा हुए थे
जिन्होंने अंग्रेजों के आगमन से बहुत पहले
समुद्र का चुनाव किया था
मुट्ठी भर नमक बनकर सभ्यता में उड़ने के लिए

कुछ का कहना था हाजी अली ईश्वर के दूत थे
जिन्हें जब कहीं जगह नहीं मिली

तब उन्हें समुद्र ने जगह दी थी

कुछ इस बात पर अड़े थे
कि वे आधे हिन्दू थे आधे मुसलमान
आधे मनुष्य थे आधे इनसान
आधे श्मशान थे आधे कब्रिस्तान

बात जो भी हो
हाजी अली थे
मुम्बई शहर के ठीक नीचे
काशी में अपने कबीर की तरह

जब कभी मुम्बई जाना
तो हाजी अली की मज़ार पर जरूर जाना

यह थके-हारे मनुष्य के लिए
हमारी सभ्यता में सबसे बड़ा आश्वासन है।

लगभग समुद्र की तरह।

[06.06.2008]

मरे हुए लोग

मरे हुए लोगों के इस शहर में
हर आदमी अपने पुनर्जन्म को लेकर परेशान है

मरे हुए लोग
मरे हुए लोगों में शामिल नहीं हैं
उन्हें अपने मरने से परहेज है
जबकि न जाने कितने पहले वे मर चुके हैं

मरे हुए लोगों के अपने झोले हैं
अपनी टँगारी और
अपनी तगाड़ी

सिर से पाँव तक उनके पास सूचनाएँ हैं
और वे खुद एक सूचना हैं
हमारे समय में डाकिए की तरह

कील जब कभी चुभती है
उनके चेहरों पर खिंचता है एक तनाव
उसे ढीला करने की वे करते हैं कोशिश
और थोड़ी देर बाद
खचिया भर मड़िया में उतराने लगते हैं

मरे हुए लोग
जीने की आशा लिये
लगातार मरते जा रहे हैं
अपनी सारी बरक्कत के बावजूद
इस पवित्र शहर में!

[12.01.2008]

बाबो रेस्टूरेंट

बाबो रेस्टूरेंट!
यह कौन सी बला है पूछता है कासागर
जिसके वृद्ध पिता का अभी-अभी इंतकाल हुआ था
जो मिट्टी के खिलौने बेचने शहर आया था

शहर जिसे बनारस कहते हैं
बनारस जिसे लंका कहते हैं
लंका जिसे महाश्मशान कहते हैं

इसी लंका पर अपने पिता के शवदाह के लिए
आया था कासागर कफन खरीदने
साथ में कुछ फूल और टिकठी भी
जो अभी तक पार्श्व में आजानुभुज बहुमंजिली इमारत को सँभाल रखी थी

वह ढूँढ़ रहा था इन दोनों के बीच पड़ी हुई उस गुमटी को
जहाँ पर पिछली बार आया था चाय पीने
जब अपनी माँ को लेकर आया था

उसके पास शहर भर को बताने को यही एक दुकान थी
जो उम्मीदों पर भारी थी
जहाँ कोई भी बैठकर अपने आँसुओं को पोंछ सकता था
और दूसरे के आँसुओं को निहार सकता था

गुमटी उस कासागर के सपनों की गुमटी थी
जिसमें कसोरों की चमक थी
जो गाँव से शहर आने वाले हर आदमी के लिए
जीवन का सबसे बड़ा आश्वासन थी

बाबो रेस्टूरेंट के ठीक सामने खड़ा वह कासागर
अपने पिता की टिकठी को सँभाले
दुआओं में भुनभुनाता हुआ
एक लंबे समय से खड़ा है
गुमटी को खोजता हुआ।

[06.06.2009]

बच्चा और ईश्वर

बाबू, चलो ना
बको मत, चलो ना
कहता है एक बच्चा
अपने पचास वर्षीय अधेड़ पिता की अँगुलियों को थामे

बच्चा बार-बार पिता को पुकार रहा था
बार-बार उसके सिर को ऊपर उठाने की कोशिश कर रहा था
लेकिन सिर था कि सिरा ही गायब था
रंग में भंग ही भंग था!

यह होली के ठीक पहले की शाम थी
लंका के रविदास गेट पर चहल-पहल थी
दुकानों में बाजार की आवाजाही थी

दुनिया जब गर्दे-सफर पर जा रही थी
लाउडस्पीकरों की भीड़ से ईश्वर थोड़ा दूर खिसक गया था
भीड़ में वहीं पर अकेले
बच्चा अपने ईश्वर को पुकार रहा था

यह एक अजीब हालत थी
बच्चा भीड़ को पुकार रहा था
भीड़ ईश्वर को

और पुकार की हर कोशिश में ईश्वर
अपनी नज़र की कोर से
थोड़ा मुस्कुरा देता था।

[12.02.2008]

एक जोड़ा दुख

दुख अकेले का नहीं होता
सकेले का होता है
और जहाँ ऐसा होता है
वहाँ दुख एक नहीं
एक जोड़ा होता है

दुख की तलाश में निकले हुए, कवि जी
तुम्हारे दिल में जो फफक है
और दिमाक में भभक
जरा उसे खुरचकर तो देखो

क्या उसके नीचे कुछ ऐसा भी है
जिसे तुम ऊपर से देख सकते हो

क्या वहाँ कुछ ऐसा है
जहाँ तुम देर तक टिक सकते हो
जहाँ तुम्हारे सपनों की ऊँचाई
तुम्हारे अपनों से ज्यादा की नहीं होगी

क्या तुमने फुनगियों में कभी बीज के दर्द को महसूस किया है
क्या कभी याद आए हैं उपवन के बीच खिले हुए फूल में
उस माली के हाथों के नाखून

जिनमें न जाने कितनी मिट्टी भरकर वह अपनी ही नसों को पाट रहा होता है

क्या तुमने कभी सूखते चाम के भीतर के मनुष्य को सिसकते हुए देखा है
क्या तुमने कभी बसंत की मादक हवाओं में
लहराते सरसों के फूलों में
प्रेमगंध से अधिक
उस मानुषगंध को महसूस किया है
जिसमें श्रमजलस्नात् युवतियों ने छोड़ आए हैं
अपने-अपने दुख

यदि ऐसा नहीं है
तो कवि जी, दुख तलाशने का कोई कारण नहीं है
क्योंकि दुख
सतह पर तैरता हुआ दुख नहीं होता
वह नयन कोरकों में ठिठके हुए उन बुलबुलों में होता है
जिसमें तन की हरियाली से ज्यादा
मन के दरकने का दर्द होता है।

[02.03.2008]

किसान

न उसका कोई रूप है
न उसकी कोई जाति

न उसका कोई घर है
न उसकी कोई पाति

आकाश उसकी छत है
मौसम उसका आभूषण

हत्या उसका बचपन है
आत्महत्या उसकी जवानी

जिसे आप बुढ़ापा कहते हैं
वह है उसकी आजादी
जिसे ढहने के पहले
उसने सुरक्षित कर लिया है
धरती के नीचे
अपने रकबे में।

[12.01.2008]

छठ की औरतें

कबीर की कुलबोरिनें
कुलतारनों के इस शहर में
जब लरजते हुए चलती हैं
तब कुलघातकों से अटी पड़ी गलियों में
सूरजमल भी लजाने लगते हैं!

जब वे चलती हैं
अपने साथ पृथ्वी की पूरी गोलाई लेकर चलती हैं

उनकी हर पुकार में सूरजमल थोड़ा खिसक जाते हैं
उनकी हर धड़कन में ललाई थोड़ी सघन हो जाती है
उनकी हर साँझ में सुबह थोड़ी निखर उठती है

डूबते सूरज को अर्घ्य देना उन्हें अच्छा लगता है।

यह विदाई के शोक से ज्यादा मिलन के संगीत का मौसम है
जहाँ अपने ही हाथों पवित्रता का विसर्जन है

उन्हें बहुत अच्छा लगता है
किसी विदा होते पुरुष का हाल-चाल पूछना
उसके जन्म की कथा को याद दिलाना
और इस बात का अहसास कराना कि

उम्र की डोरी पर अकेले नहीं चला जाता

उम्र-दर-उम्र उनके हाथ दुआओं में ही उठे हैं
परत-दर-परत वे खाद बनती गई हैं
मौसम-दर-मौसम झड़ती रही हैं

वे झड़ती रही हैं कभी शिशिर में
तो कभी बसंत में

उन्होंने एक दिन में कभी कुछ नहीं चाहा
नहीं चाहा सब कुछ एक रात में

उन्हें सपनों की हरियाली का पता है
पता है अपनों के उजाले का क्या मतलब होता है

क्या होता है पुरुष का चिल्हकना
जब उसके घर लौटने पर
घर घर नहीं होता
यह वे जानती हैं

वे जानती हैं कि कार्तिक अमावस्या के बाद का लखेदा गया दरिद्दर फिर प्रकट हो सकता है
फिर दिखाई दे सकता है कोई राहु चंद्रमा को डसता हुआ
या कि किसी इंद्र में फिर कोई इच्छा हो सकती है
उनकी इच्छा के विरुद्ध

बड़ी-बड़ी बातों से उनका कोई मतलब नहीं होता
इस बात से उनका कुछ भी लेना-देना नहीं है
कि राजा शर्याति की पुत्री सुकन्या ने अपने अंधे पति च्यवन की आँखों में कैसे डाली थी रोशनी

उन्हें यह भी नहीं मालूम कि आवभगत के लिए परेशान द्रौपदी को
ऋषि धौम्य ने कान में क्या कहा था
या कि स्वयं सुकन्या ने नागकन्या से कैसे यह सब पाया था।

लेकिन उन्हें पता है कि उनके बगैर कोई गीत फड़फड़ा नहीं सकता
कोई अंकुर फूट नहीं सकता
कोई आग सुलग नहीं सकती

और तो और उनके बगैर कोई सुगनी की व्यथा कह नहीं सकता
किसी घटवार की फटकार तो संभव ही नहीं है

वे जानती हैं कि सूरज के बगैर दुनिया का रंग कैसा है
पति के बगैर पतितों की नजर कैसी है
पुत्र के बगैर लाठी में कितनी लहकता है

कच्चे धान को कूटने का क्या मतलब होता है
यह वे जानती हैं
वे जानती हैं कि रंगोली के बाद के भड़ेसर में कितनी ऊष्मा है
कितनी मिठास है कुंडा के जल में

वे यह भी समझती हैं कि मंगलकामना की इच्छा से पतिदेव जब अगोरते हुए
चलते हैं
उनके प्यार को
तब कितना अच्छा लगता है उस विश्वास को पाना
जिसे हमारे शास्त्रों ने
सदियों से खो दिया है

सूरजमल के पुकारने से शुरू हुई इनकी यात्रा
इसी धरती के एक छोटे स्थान से शुरू होकर
जब समस्त देवलोक को घेर लेती है

तब विश्वास होता है कि सृष्टि के सारे चमत्कार
त्रिपुंड से ही शुरू नहीं होते

कभी-कभी वे एक कुंड से भी शुरू हो सकते हैं!

सदियों की कठिन साधना के बाद
अपने पानिब के भार से पराभूत ये परवैतिनें
हरही गाय की तरह हरहराते हुए जब चलती हैं
तब वे एक ऐसे सत्याग्रह पर निकली हुई जान पड़ती हैं
जिनकी चूड़ियों में जितनी खनक है
उससे ज्यादा ठनक

जितना उपवास है
उससे ज्यादा मिठास

यह खरना के बाद की मिठास है
जिसे अरघ-दर-अरघ उन्होंने पाया है
जहाँ सूरजमल से अधिक
अपने ही सिर का साया है!

छठ की ये औरतें
वास्तव में छठी की औरतें हैं
जिनके दूध की याद तब तक बनी रहेगी
जब तक सिर पर टोकरी दबाए
अदितमल पीछे-पीछे चल रहे हैं

उन्हीं की हथेलियों से छिटके हुए प्रकाश में।

[12.10.2007]

आधुनिक स्त्री

एक स्त्री मेरी पीठ पर लगातार नज़र गड़ाए हुए है।

मैं जब कभी किसी से नज़र मिलाता हूँ
सबसे पहले उसी से नज़र मिल जाती है

जब भी किसी स्त्री से कुछ कहना चाहता हूँ
सबसे पहले उसी से कुछ कहना पड़ता है।

जब जहाँ जिस हाल में होता हूँ
वह मेरा पीछा करती है

कभी वह मेरे फटे मोजों से झाँकती है
तो कभी कटे हुए काज से
कभी सटे हुए सिलवटों से भाँपती है
तो कभी पटे हुए उधार से!

वह देखकर जान जाती है कि मेरी नज़र का क्या रंग है
सूँघकर वह जान लेती है स्वाद का क्या ढंग है
सोचकर समझ लेती है कि मन का क्या संग है

मेरे पसीने की महक उसे बता देती है कि सीने का क्या हाल है
पाँवों की आहट उसे कह देती है कि इसमें कितनी चाल है

हाथ की हलचलों में वह जान लेती है कि भाग्यविधाता का आजकल क्या हालचाल है!

वह गाहे -ब-गाहे मेरे अतीत को सहलाती है
गायतः वर्तमान को घूरती है
और गालिबन भविष्य पर हँसती है

मैं जितनी बार कुछ भूलने की कोशिश करता हूँ
वह याद दिलाती है कि फिर कभी भूलने की कोशिश न करूँ-

भूलना अतीत से मुक्ति नहीं
अतीत को दुहराना है।

वह जब भी हँसती है
मैं उदास हो जाता हूँ
कभी उसकी दया से
तो कभी अपनी हया से!

वह एक आधुनिक स्त्री है
जो हर वक़्त मेरा पीछा करती है
और सामने रहती है।

[12.10.2007]

मनुष्य स्त्री

एक स्त्री की दुनिया में पुरुष एक पहाड़ है

वह जितनी बार इसे लाँघती है
शापग्रस्त हो जाती है
लेकिन जितनी बार शापग्रस्त होती है
उतनी बार अपने रकबे का सृजन करती है।

यह मैं अगस्त ऋषि के बहाने किसी मुक्त स्त्री की कथा नहीं कह रहा हूँ
अपने बहाने एक मनुष्य स्त्री की बात कर रहा हूँ

वह आ रही है
और हम हैं कि बगैर कुछ कहे
थोड़ा निहुर गए हैं।

[12.12.2007]

पूजा में स्त्री

पूजाघर में बैठी हुई स्त्री जब भी पूजा करने बैठती है
एक पूरा ब्रह्मांड अपने भीतर लेकर बैठती है

वह चाहती है कि उसकी पूजा में मैं भी बैठूँ
उसके स्वर में स्वर मिलाते हुए परिवार की पूरी मंगलकामना करूँ
जहाँ कहीं वह मंत्र की गड़बड़ी कर दे
टोकूँ न
मंत्र पूरा करूँ!

वह यह भी चाहती है कि जब कभी वह मंत्र का उच्चारण करे
मैं उसके अर्थ से ज्यादा उसके उच्चारण पर ध्यान दूँ
और दीपावली, दशहरा, छठ से लेकर
चंडीमाता से मंसादेवी की उपासना तक में
उसके उच्चारण को सुधारने के बजाय
मैं उसके साथ उच्च स्वर में पाठ करूँ

इतने ऊँचे स्वर में कि शिव जी, गणेश जी, हनुमान जी आदि जी दूध पीते हैं
इसके खिलाफ कोई विचार ही न उठे

वह जानती है कि ऐसे खौफनाक विचार मद्धिम स्वर में ही पनपते हैं
और ऐसे पलते विचार ईश्वर की व्यवस्था में एक खतरनाक आशंका को जन्म देते हैं

वह बार-बार झकझोरती है
अपनी केहुनियों से कुरेदती हुई मेरे होने के बारे में सतर्क करती है
और घोड़े की तरह भाग रहे मेरे हिंसक मन को
बार-बार नियंत्रित करती है

वह गुर्राती है, बर्राती है, थर्राती है
बार-बार भर्राती है-

तुम इस बार भी अक्षत भूल गए
रोरी लगाना तो तूने जाना ही नहीं
अरे थोड़ी तो अकल ले लेते उधार
बार-बार पलथी बदलते हो और नाक खोदते हो!

जब प्रसाद-स्वरूप तुम्हें ही सब खाना है
जब सारा आशीर्वाद तुम्हें ही पाना है
तब थोड़ा तो सब्र कर लेते
हर जगह पहले ही भोग लगा लेते हो
मरभक की तरह-

कहती है स्त्री।

वह बार-बार कहती है
कि तुम्हें ईश्वर के सामने वैसे ही आना चाहिए
जैसे मैं तुम्हारे सामने आती हूँ-
नि:संग और नि:शब्द!

कल्पना करो कि तुम्हारे पास आते हुए भी मैं
वैसे ही विचारशील व प्रगतिशील व गतिशील व जाने कौन-कौन से शील से
प्रत्यय की भाँति जुड़ी रहूँ
तो कैसा लगेगा तुम्हारे उपसर्ग को-

कहती है स्त्री!

पूजा के खिलाफ उठे हुए किसी भी तर्क को वह कसकर दबोचती है
और एक कमजोर मन को बार-बार उलाहनाएँ देते हुए
दूसरे को बार-बार मजबूत बनाती है

वह इस धरती की सबसे खूबसूरत वस्तु प्रेम को इसी तरह बचाती है
कि जब कभी वह पूजा करना भूल जाती है
घर खुद-ब-खुद पूजा करने लगता है

पूजा पर बैठी हुई स्त्री
वर्षों से एक पूजा घर में बैठी हुई है
जहाँ वह होती है
उसकी हँसी होती है
और उसकी गुर्राहट भी

जब उसकी गुर्राहट नहीं होती
घर भरे रहने के आछत
घर खाली और उदास रहता है।

[12.11.2007]

लरिकोर

एक स्त्री जो स्त्री के सारे गुणों से भरपूर थी
मुझसे जब पहली बार मिली
तब वह लरिकोर थी

उसका लरिकोर होना उसे तमाम प्रकार की सुरक्षा दे रहा था
मसलन यह कि उसे काम पर जल्दी जाना था और जल्दी लौटना था
खाना बनाना था और सबको जल्दी खिलाना था
सुबह बहुत जल्दी उठना था
और बहुत जल्दी ही बरतन माँजकर जल्दी से रख देना था

उसे बच्चे की परवरिश एक बड़े दायित्व के रूप में करनी थी
इतने बड़े कि बच्चे को समय से दूध पिलाना था
बच्चे को समय से उपटन लगाना था
और तो और समय से उसे सुलाना था
और इसका पूरा खयाल करना था कि बच्चा असमय न जगे
जिससे परिवार की अन्य स्त्रियों की नींद में खलल न पड़े

बच्चे की इस नींद को अगोरना उसके लिए एक राष्ट्रीय दायित्व जैसा था
जैसा कि सीमा का होना देश की नींद की हिफाजत करना था

उसे बार-बार याद दिलाया जा रहा था कि राष्ट्र की सुरक्षा असल में उसके
कोख की सुरक्षा है

जिसे उसे स्वयं करना है
और यह करते हुए इसका भी खयाल करना है कि बाकी बच्चे असुरक्षित
न रह जाएँ!

वह लरिकोर थी
फिर भी पति का खयाल करना उसका बड़ा दायित्व था
घर के सभी बड़ों की देखभाल करना उसके सामाजिक दायित्वों में एक था
और तो और
आसपास की औरतों के मूड़ बाँधने से लेकर पाँवों में महावर लगाने तक की
जिम्मेदारी उसी के पास थी

चूँकि वह लरिकोर थी
इसलिए जहाँ भी उसे जाना था लरिके के साथ जाना था
लरिका व कोख दोनों की देखभाल उसे एक साथ करनी थी
जहाँ उसके सामने कोख के लरिके से ज्यादा लरिके की कोख थी
और यही एकमात्र उसके पास हिलकोर थी
जिसे वह अपने नसीमे-सहर की तरह पचा रही थी

इस प्रकार कोख की रक्षा का सवाल उसके लिए काँख की रक्षा का सवाल बन
गया था
और काँख की रक्षा चाहे भले न हो सके
कोख की रक्षा का दायित्व उसी के कंधों पर था
जैसे वह अपने आपमें एक पूरी सुरंग हो
जिसमें आमफहम लोग थोड़ा आराम फरमा सकें!

मैं उससे जितनी बार मिला
(और मिलने की प्रक्रिया में कई-कई बार मिला)
वह लरिकोर ही थी
और माथे पर लगी बिंदी की तरह
अपने लरिकोर होने का हलफनामा प्रस्तुत कर रही थी

मैं उससे जब आखिरी बार मिला
वह तब भी लरिकोर थी
और अपने लरिकोर होने को अपनी कोख की तरह छिपाए हुए थी

यद्यपि उसके कान पूरी तरह फट चुके थे
खाल पूरी तरह चिंगुरा गई थी
और मुँह से सिर्फ होंठों के रगड़ने की आवाज आ रही थी।

इस प्रकार अपने जन्म से लेकर अंतिम समय तक वह एक लरिकोर थी
और अपने लरिकोर होने के दायित्व को
स्वाधीन भारत के एक सभ्य नागरिक की तरह निभा रही थी
जहाँ सभ्य होना आदर्शों के रास्ते पर पलते जाना था
जिसमें विरासत की उम्मीद थी
तो विनाश के बीच विजय की मंगलकामना!

यहाँ आदर्श एक ऐसी भाषा में बताए जा रहे थे
जिसमें एक संदिग्ध मुखरता थी
लेकिन जो सवाल के दायरे के बाहर थे!

क्योंकि वह लरिकोर थी
वह सारे सवालों के बाहर थी
गो कि उसका लरिकोर होना अपने आपमें एक सम्पूर्ण उत्तर था
उसके परिपूर्ण होने का।

आज जब कि उसके द्वारा पोसे गए बड़े-बड़े जन
छोटे-छोटे कागज से मुँह पोंछने भर को हो गए हैं बड़े
वह अभी भी पोंछती है आँगन भर लार
और आँचल भर छोटी बनी रहती है।

[12.02.2008]

चैली

मैली
कुचैली
फैली है
चैली
चूल्हे की ताक में

लकड़ी
चिकनी
चिपकी है घर से
धरन के खयाल में

पेड़ जितनी बार कटते हैं
चैली उतनी बार होती है उदास।

उसे पता है कि लकड़ी जितनी बार चिकनाई जाएगी
खराद पर वह ही चढ़ेगी
जितनी बार दरवाजे की नाप ली जाएगी
आरी से वह ही छँटेगी

बहुत हुआ तो कभी-कभार
साँकल बन खटखटाएगी

नहीं तो अपने ही लोगों से दूर
कुछ के हाथों
अदहन बन सनसनाएगी।

[10.02.2008]

गंगू मेहतर*

गंगू मेहतर!

जिस क्षण तुमने सती चौरा में अंग्रेजों को अकेले भगाया होगा
जिस क्षण तुम्हारे नगाड़े से उठने वाली ध्वनियों में फिरंगी फौजों की टापें बिला गई होंगी
भसक गई होंगी मुश्कें उन मल्ल योद्धाओं की
तुम्हारी तनी हुई छातियों की ढाल से

कितना अच्छा लगा होगा उस क्षण
लड़ते हुए अपनी ही खाल से!

कितना शुभ दिन रहा होगा वह दिन
जब मातादीन की बेचैनी तुम्हारी धमनियों में उतर आई होगी
और हड्डियों के बाहर अभी-अभी झाँकती अपनी बलिष्ठ देह को तुमने
देश की आत्मा के हवाले किया होगा

यह तुम्हारा देहदान
बनते इतिहास की एक अनमोल घटना है
कि जिस समय में लोग पहलवानी के लिए अखाड़े चलाते थे
और गरदनिया व पटकनिया व दरकनिया देते हुए जीवनदान की भीख माँगते थे

तुमने अपनी सम्पूर्ण देहराशि को देश के हवाले कर दिया था

जैसे कि एक बिरवा अपनी सम्पूर्ण राशि को अपने खेत के हवाले कर देता है।

तुम्हारी यह देहमुक्ति
इस बात की गवाही देती है कि
आत्मा उसी की मुक्त होती है
जो त्वचा की मुक्ति का आवाहन पहले करता है

तुम्हारी यह देह त्वचा आज भी
उन सभी गेह आत्माओं के लिए चुनौती है
जिनमें असमय ही घास उग आई है

गंगू भाई!
आजादी के खयाल में तुमने क्या-क्या नहीं किया
कभी तुमने अखाड़े चलाए
कभी तुमने नगाड़े बजाए
कभी तुमने बेलचे उठाए
तो कभी तुमने नाच दिखाए

इस नाच का आजादी से कितना नजदीक का रिश्ता है
यह तब पता चला जब एक दिन
हमने इसी तरह
अपनी-अपनी हथकड़ियों के साथ
भिखारी ठाकुर को नाचते देखा
और दशरथ माँझी को थिरकते!

यह नाच भी क्या नाच थी
अपनी सहमी-सहमी साँसों से संतुलन बनाते हुए
तनी हुई रस्सी पर सीधे चलना था
जहाँ सलाम करने की फुरसत ही न थी
–सलामत बच सकें

यह समझ भी कहाँ थी!

गंगू बाबा!
तुम क्या-क्या नहीं बने
कभी तबलची
कभी नगड़ची
कभी नकलची
कभी अकलची...

और भी बहुत कुछ जिसे हम कहाँ जानते हैं
और जो जानते हैं कहाँ समझते हैं
कि तुमने कितनी रातें तय की होंगी
अपनी धमनियों की आखिरी सुबह देखने में

तुम कब गंगू मेहतर से गंगू बाबा बने
कब गंगू बाबा से गंगू गिरी
कौन जानता है
जो जानता भी है
कैसे कह सकता है कि कितने अरमान लुटाए होंगे तुमने
कितनी जवानियों को कुरबान किया होगा
हमारी स्मृति में उतरने तक।

हम चाहते हैं कि हमारे सामने एक बार फिर
तुम वैसे ही आओ
जैसे उस अंग्रेज इंजीनियर के सपने में आए थे
जो पुल बना रहा था

लेकिन गंगू पहलवान!
हम यह भी चाहते हैं कि अबकी बार
तुम सपने में नहीं हकीकत में आओ

ताकि तुम्हारे आने और हमारे चलने के बीच
कोई रिश्ता ठीक से बन सके
ठीक से फूट पड़े कोई गुरुवाणी
पूजा की बेदी को ठकठकाती हुई

गंगू गुरु!
तुम्हारी इस गुरुवाणी की नासमझ उम्मीद में
मैं अपनी पूरी गुरुता के साथ तुम्हें नमन करता हूँ
और अपनी सारी राष्ट्रीय भावुकता को
आधुनिक निष्ठुरता के नीचे दफन करते हुए उस डॉक्टर को शुक्रिया अदा करता
हूँ
जिसमें इतनी संवेदना तो फिर भी शेष थी
कि तुम्हारे चित्र को बचा रखा था–

उपहास में ही सही
तुम्हारी हँसी को हमारे लिए
चुरा रखा था!

[12.03.2008]

---

* गंगू मेहतर–सन् सत्तावन के एक दलित क्रांतिकारी, जिन्हें 5 जून, 1858 को फाँसी दी गई थी। इनकी एक दुर्लभ तसवीर 'उद्भावना' के 1857 पर केंद्रित अंक में प्रकाशित हुई थी।

भूख

पहले वह मरा
उसके बाद उसका पूरा परिवार

यहाँ पहले रामराज्य आया
फिर साम्राज्य

पहले कुछ निवेश हुआ
और अब पूरा उपनिवेश

यह गाँव का सबसे आजाद परिवार था
जिसमें जितनी चहल थी
उससे ज्यादा पहल

इस पहल में सूखी पतीली से झाँकते दाने थे
पलक भर की नमी थी
और देह भर की गरमी

यहाँ अँगीठी थी
जिसकी आग वर्षों से धधक रही थी
जिसमें अँतड़ियों के पकने की आवाज आई थी

यहाँ साथ-साथ जीने का संकल्प था

साथ-साथ चलने की उमंग थी
और थी साथ-साथ प्रेम करने की उम्मीद
जिसे भूख की आजादी ने जोड़ दिया था।

भूख की इस आजादी में
हर आदमी एक दूसरे की आजादी को लेकर आजाद था
और सत्ता के पास इससे सुंदर व्यवस्था हो नहीं सकती थी
कि हर काम यहाँ वैध व ईमानदार व वैधानिक व प्रजातांत्रिक तरीके से सम्पन्न हो रहा था
जिसमें शासक कुछ मदद कर नहीं सकता था
सिवाय इसके कि हर आदमी अपना-अपना काम करे

सरकार चाहती थी कि वह कम से कम हस्तक्षेप करे
क्योंकि यही उसे विरासत में मिला था
और इतना ही उसे याद था
जिससे सभी को फलने
व फूलने
व रहने
व सहने
व ढकचने का समान अवसर मिल सके

जाहिर सी बात थी कि यह अवसर
सभी के लिए सब कुछ था
और यह सब कुछ-कुछ कुछ लोगों के लिए बहुत कुछ था
और बहुत कुछ लोगों के लिए कुछ-कुछ था

इस सब कुछ में बहुत कुछ था
क्योंकि यही बहुत कुछ
कुछ-कुछ को सब कुछ बनाए हुए था!

यहाँ बहुत कुछ की साँसों की निगरानी भले ही नहीं हो पा रही थी
लेकिन सरकार थी कि जाती साँसों की निगरानी पूरे विश्वास के साथ कर सकती थी
क्योंकि जिन कारणों से वह शासन में रह रही थी
उनमें उन साँसों का आना-जाना भी एक बड़ा कारण था

यहाँ बहुत कुछ था
बहुत कुछ में सब कुछ की मदद थी
सब कुछ की मदद में कुछ-कुछ की रसद थी
जिसमें उतना ही प्रेम था
जितना मुआवजे भर पैसे में होता है।

[02.03.2008]

आत्महत्या

इतिहास की बात करते-करते
आजादी की बात करता हूँ
और एक सिरफिरा इसमें कुछ पाना चाहता है

वह जानना चाहता है कि इतिहास से उसे क्या मिला
जबकि इतिहास जिनसे बना है
खुद इतिहास ने उन्हें क्या दिया

वह इतिहास को सूँघता है
अपनी धमनियों तक
अपनी अँतड़ियों तक
इतिहास को उतारता है
और पाता है एक उदासी
इतिहास को बनाने के औजारों से घिरी हुई

वह समझना चाहता है कि क्यों इतिहास में सिमटे पड़े हैं कुछ भूगोल
क्यों भूख इतिहास में दर्ज होने के बाद भी दर्द का कारण नहीं बन पाती
क्यों एक हूक सा डभकता है साहित्य
इतिहास के पन्नों में फड़फड़ाता हुआ!

वह सवाल करता है कि क्यूँ इतिहास कुछ सिरों से बार बार टकराता है
क्यूँ कुछ बुद्धि है जो लगातार गदराती चली जाती है

और दिल है कि उनके पन्नों में पियराता चला जाता है

यह एक बड़ा सवाल है
जिसमें एक सिरफिरा इतिहास में दर्ज होने को नकार देता है
और हम कहते हैं कि उसने आत्महत्या की है।

[01.03.2008]

चीख

(उन क्रांतिवीरों की याद में जो हमारे लिए कर्म से ज्यादा उपासना की वस्तु हो गए हैं)

पहले उसे पूजा गया
फिर उसके लिए दुआ की गई
फिर उसको महान बताया गया

उसके बारे में बताया गया कि देश की आजादी
असल में उसके कंधों की आजादी है
और जिस देश में वह रहता है
वह उसी की अस्थियों का विस्तार है

उसको बताया गया कि वह
कितने महान देश की कितनी महान परम्परा को कितने महान दिनों से
कितनों के बीच
कितनी तरह से छिपाए हुए है

इस तरह उसको बहलाया गया
फुसलाया गया
नहलाया गया
और उसकी प्रतिमा को खड़ा कर दिया गया

एक दिन आखिरकार वह अपनी इस प्रतिमा के विरुद्ध विद्रोह कर बैठा
जैसा कि उसने पहले किया था

लेकिन इसके पहले कि उसके मन में कुछ सवाल उठें
वह यह जानने की कोशिश करे
कि क्या पिछले एक सौ पचास वर्षों में
इसी तरह से उसका विसर्जन होता रहा है

उसे कैद कर दिया गया
कुछ किताबों में
कुछ विचारकों के वक्तव्यों में
कुछ राजनेताओं के लोकतंत्र में
जहाँ वह अपनी ही नसों के तनाव से चीख उठा

यह एक क्रांतिकारी की चीख है
जो कभी कालाहांडी में सुनाई पड़ती है
तो कभी बजरडीहा में!

[12.03.2008]

शब्द के मानी

इन शब्दों के क्या अर्थ हैं
जो परत-दर-परत हमारी सभ्यता पर चढ़ते रहते हैं

आखिर इनकी क्या उपयोगिता है
क्योंकि जिनसे एक अदद स्याही भी नहीं खरीदी जा सकती
घर-गृहस्थी के सामानों का क्या कहें
नमक तक की कीमत इनसे नहीं मिलती!

बहुत होता है तो ये कुछ कलम से निकलकर
एक कम्प्यूटर तक पहुँच जाते हैं
जहाँ छपाई की मशीन से होते हुए
बाजार की यात्रा करते हैं

बाजार में यदि मंदी रही तो कहना ही क्या
लेकिन बाजार में यदि थोड़ी गरमी रही
थोड़ी चहल-पहल रही
तो ये वहाँ से उठकर
कुछ घरों में पहुँच जाते हैं
जहाँ वर्षों आराम फरमाते हैं

कभी-कभी ये बेचैन होते हैं
लेकिन धूल का कहना ही क्या

इनकी गरदन को इस कदर चाँपे रहती है
कि छिपकली भर की आजादी भी इनके पास नहीं रहती।

होती तो यह हमारी शरारत है
लेकिन इसे हम प्रकृति के नाम पर छिपाते हैं
और कभी-कभी शहर को उसके सम्पूर्ण धूल-कणों के साथ कोसते हैं
जिसने मच्छरों को पनपने के लिए उचित तापमान तो दिया
लेकिन शब्दों के पनपने की जहाँ कोई जगह नहीं रहती!

तापमान के इस रहस्यमय संसार को हम शब्दों के प्रजनन के लिए उचित नहीं मानते
और समस्त पर्यावरण को कोसते हुए
अपने-अपने कमरों में बरबस ही टहलते रहते हैं

बगैर यह समझे कि शब्द का अर्थ
अर्थ में नहीं होता
उसके मानी में होता है
और हर शब्द का मानी
शब्द के बाहर का एक चेहरा होता है।

[22.03.2008]

मुखिया

विश्वविद्यालय बहुत तरक्की कर गया है। तकनीकी ने छात्रों को बहुत कुछ दिया है। हमारे नौजवान छात्र पैकेज पर आसानी से पकड़े जा सकते हैं। उन्हें अब घर की याद नहीं सताती। एक कहता है।

दूसरा कहता है। नियुक्ति में गुणात्मकता की बात अब कोई नहीं कहता। सर्वगुण-सम्पन्न लोग अब स्वयं ही व्यवस्था में आने लगे हैं। उन्हें अब बाहर भेजने की जरूरत भी नहीं है। वे पहले से ही अनुबंधित हैं।

तीसरा कहता है कि कृषि व्यवस्था बहुत दुरुस्त है। विश्वविद्यालय ने अब गाँव की तरफ रुख कर लिया है। गायों ने अब काफी दूध देना शुरू कर दिया है। मुखिया की कृपा से यह परिवार की एक बड़ी उपलब्धि है।

इसी प्रकार चौथा, पाँचवाँ, छठा,
कुछ न कुछ कहता ही जाता है

अपनी उपलब्धि से संतुष्ट
संसाधनों से सुरक्षित
मुखिया सिर्फ गरदन हिलाता है।

वहीं कहीं दूर बैठा मैं
टेबुल के इस पार
अपना नाखून चबाता हूँ।

[25.09.2011]

संज्ञा

जिसे देखता हूँ खुली आँखों
उसे दर्ज करता हूँ
बंद आँखों से

खुली आँखों से कुछ धुँधला दिखता है
बंद आँखों में दुनिया
साफ-साफ दिखाई देती है

बंद आँखों में क्रियाएँ पलती हैं
जहाँ एक संज्ञा फूटती है
आँखों को खोलती हुई।

[15.09.2011]

दोस्त

1.

वह जो कि एक दोस्त था
बहुत चुप था जब दोस्त था

सोचा कि चलो थोड़ी दुश्मनी ही कर लें
सुन लें उसे भी कुछ कहे जो वह

दोस्त फिर भी चुप रहा
वह बहुत ही तंगदिल निकला
दुश्मनी की सरल भाषा भी नहीं समझता।

2.

कितना अच्छा था कि हमारे बीच एक बात थी
और धरती पर
फिर भी मौन की तरह रात थी

अब जब मौन ही मौन है हमारे बीच
हवाओं में अभी भी घबराहटें हैं
मौसम के अविश्वास की तरह!

3.

संवाद की कितनी दुश्वारियाँ हुआ करती हैं

यह लोकतंत्र से नहीं
दोस्त से पूछो
जो स्वयं लोकतंत्र था
एक लम्बे शिकार पर निकलने से पहले!

[20.08.2013]

अड़ीबाज़

(अस्सी के अड़ीबाज़ों के अभिवादन सा)

ये अड़ीबाज़ हैं
अपनी दुनिया के बेताज बादशाह
जिनके पास अपनी एक ऊँचाई है
जहाँ से वे दुनिया की ऊँचाई मापते हैं

ये वरदानी पुरुष हैं जो किसी भी पहाड़ को लाँघ सकते हैं
किसी भी मछली को वेध सकते हैं
किसी को भी आकाश भेज सकते हैं

छिपने की कभी कोई जरूरत इन्होंने नहीं समझी
छिपाना इन्होंने जाना ही नहीं
हर वक़्त ये सामने रहते हैं
और सारी दुनिया को अपने ठेंगे पर रखते हुए
ये खुल-खुलकर बोलते हैं और बोल-बोलकर खुलते हैं

सरहदें इनकी कभी कोई सीमा नहीं बनीं
ये किसी भी रेखा को पार कर सकते हैं
उस गौरैया की तरह
जो सुबह इस पार होती है तो दोपहर उस पार
या फिर उस धूल की तरह
जो अपनी इच्छा के अनुसार उड़ती है

हर हद को धता देती हुई!

आलस्य इनके पास फटक नहीं सकता
नींद इन्हें बुला नहीं सकती
जिसे आप झपकी कहते हैं
वह इनके विचारों का रिसाव है जहाँ वे तेजी से चौंक पड़ते हैं

इनके लिए विचार के हर नियम से बड़े दिखते हैं वे शब्द
जो इन्होंने पहली बार बोले हैं
और जो शब्दकोश में अभी तक दर्ज नहीं हो सके हैं

मूल्य इनके लिए तयशुदा माल नहीं है
बल्कि यह नकार की उन सभी संभावनाओं में दर्ज है
जिसे पहली बार सुनकर दुनिया को झटका लगता है

यूँ झटका देना इनकी नियति है
और हर चीज को झटककर चल देना इनकी गति है!

इनके पास अपनी बाज-दृष्टि है जिसमें ये बता सकते हैं कि किसी भी टावर को
कितने समय में गिराया जा सकता है
कितने समय में किस भवन के भीतर कितने बमों की बौछार हो सकती है
और कितने समय में एक शासक अपनी शासकीय मर्यादा से फिसल सकता है

गंगा नदी के सारे कछुए कहाँ गए
कहाँ गए शांति के सारे कबूतर
कहाँ गए सुबह के आगाज़ वाले कौए
ये जानते हैं

ये नई से नई जिम्मेदारी के लिए सदा तैयार रहते हैं
देश की बजट प्रस्तुति में भले ही देर हो जाए

इनका बजट ठीक समय में तैयार हो जाता है

बेशक इनकी उपलब्धियों में ऐसा कुछ भी नहीं है जो ठीक-ठाक हो
जो उचित व सार्थक हो
जो सुंदर व श्लील हो
जहाँ नींद एक संतुष्टि हो
और जागरण एक आश्वस्ति!

लेकिन जो भी संतुलित व शिष्ट है
वह इन्हीं के असंतुलन का परिणाम है
और देखिए न कि अपना सब कुछ दाँव पर लगाकर भी
ये दुनिया को दाँव देते हैं
और दुरुस्त रखते हैं

मौलिकता इनकी अंतर्वस्तु है
और विकलता इनका आभूषण

जिसे आप सफलता कहते हैं
वह इन्हीं के द्वारा छोड़े गए आँकड़ों का विस्तार है
जिसमें रहते हुए लोग देर तक सीझते रहते हैं

लोग कहते हैं कि ये कहीं नहीं जाते
अपनी हालत से एक कदम नहीं हिलते
किसी भी हाल में कभी नहीं चिहुँकते
लेकिन देखिए न कि ये कितने आर-पार देख लेते हैं
कि वर्तमान की समूची खबरें इनके पास रहती हैं
और भविष्य की खबर भी ये ही तय करते हैं

दशाश्वमेध पर विस्फोट की पक्की खबर इनके पास होती है
और जब समूचा खुफिया तंत्र बिखरे टुकड़ों को जोड़ रहा होता है

संकटमोचन को कोड़ रहा होता है

ये गंगा में डुबकी लगाते हैं
और निकल पड़ते हैं बजरडीहा
हाथ सूँघने!

आखिरकार आँत के भी अपने हाथ तो होते ही हैं साथी!

इनमें भाँपने की अद्‌भुत शक्ति है
कि जिसे एक बार दाँव पर लगा देते हैं
उसे होने से कोई रोक नहीं सकता

मूल्य, नैतिकता, वफादारी व मर्यादा सब कुछ ये ही तय करते हैं
और जिसे आप राष्ट्रीय समस्या कहते हैं
असल में वह इनके द्वारा सुझाया गया समाधान ही है

दुनिया में कहीं कोई ताकत इतनी मजबूत नहीं
जिसमें सम्मोहन की इतनी प्रबल शक्ति है
कि ये जहाँ धूनी रमा लेते हैं
वह व्यवस्था की धुरी बन जाता है।

कौन कहता है कि ये फुरसत के लोग हैं
कौन कहता है कि ये नासमझ लोग हैं
कौन कहता है कि इनमें दुनियादारी नहीं है

असल बात तो यह है कि दुनिया उतनी ही है जितनी ये समझते हैं
और जो ये नहीं समझते
दुनिया वह होती भी नहीं!

चाहे वह राजसभा हो

या फिर ग्रामसभा

जिसे आप महाभारत कहते हैं
उसमें उतना ही भारत है जितना ये समझते हैं

जिसे ये नहीं समझते
उसे हा हा टरका दिया जाता है
फिर चाहे वे व्यास हों
या वासुदेव।

यदि इनके योगदान को समझना हो तो साहित्य के उन पृष्ठों को टटोलकर देखें
जहाँ दर्ज हैं इनके नाम सैकड़ों मौलिक बातें
जो इन्होंने तब कही हैं
जब सभागार के ठीक बाहर ये सभा को बायकाट करते हुए बोल रहे थे

या कि बोल रहे थे तब
जब पोई के पुरवे से उठ रहा था बवंडर
भाप का
थपक-थपक थाप का!

ये अड़ीबाज हैं
जी हाँ, काशी के अड़ीबाज़
जो अपनी अड़ी से इस दुनिया की पूरी खबर रखते हैं
और खबर को हमेशा बनाए रहते हैं।

[12.03.2011]

बच्ची

बच्ची को बहलाते-फुसलाते दरिंदों ने जब बलात्कार किया होगा
तो अपराध के उस सबसे निरंकुश समय में
उसके मुख से
दुनिया का जो सबसे पवित्र शब्द निकला होगा

माँ...

उन्होंने उस शब्द को कैसे सुना होगा

उसका गला दबाते समय भी यह शब्द निकला होगा अंतिम बार
तो क्या उन्होंने तनिक भी सोचा होगा
यह एक बच्ची की नहीं
माँ की आवाज है
जो अपनी ही संतान से कद्र-ओ-रहम की भीख माँग रही है!

[20.2.2013]

फुसफुसाहटें

कुछ फुसफुसाहटें हैं और कुछ फुसलाहटें हैं।
जो फुसफुसाते हैं
वे फुसलाहटों के ही कुछ फसाने हैं।

फुसलाहटों के अफ़साने तो अभी बाक़ी हैं।

[20.06.2013]

कनफुँकवे

आजकल काशी में कान फूँकने वालों की एक बड़ी प्रजाति विकसित की गई है
यह विलुप्त होती हुई कनफुँकवा प्रजाति की आधुनिक उपस्थिति है
जिसे विज्ञान की अति आधुनिक उपलब्धि माना जा रहा है

ये कनफुँकवे बहुत मीठा बोलते हैं
ये कनफुँकवे बहुत अच्छा बोलते हैं
ये कँनफुकवे बहुत प्यारा बोलते हैं

जब कभी ये मिलते हैं आपसे
आपकी जरूरत पूछते हैं
आपके अधूरे काम की जानकारी जुटाते हैं
अगर आपके पास कुछ सपने हैं तो उनकी उड़ान का ऊँचा आश्वासन देते हैं

ये बार-बार पिछले को भूलकर अगले की बात करते हैं और आपसे यह अपेक्षा
करते हैं कि आप भी इनके अतीत को भूल जाएँ
आप ऐसा कुछ भी न सोचें जिससे उन्हें अपने वर्तमान पर घृणा आवे

घृणा फैलाना इस तरह यूँ भी अपराध माना जाएगा जिसके लिए आपको कभी
भी कोई दंड दिया जा सकता है

मुकदमा तो यूँ भी इनके लिए कूड़े के ढेर में पड़ी हुई धाराएँ हैं जिसे ये जब चाहें
रीसायकिल कर सकते हैं!

सच इनके लिए उतना ही है जितना इनकी जीभ और कान की दूरी होती है
पड़ोस की बात जाने ही दें
दिल्ली भी इनके लिए इतनी ही महफूज है
जहाँ हत्या भी एक सूझ है
सब कुछ अबूझ!

आखिर इनको कैसे समझाया जाए कि जिस शहर में रोज ही सैकड़ों लाशें फूँकी जा रही हों और इन लाशों में अधजले बूढ़ों व बच्चों के साथ महिलाओं की भी लाशें शामिल हैं
सब कुछ का सच एक कनफुँकवे में ही कैसे हो सकता है

सच की दूरी या कि गति इतनी छोटी कैसे हो सकती है कि हम उन चीखों को सुनना बंद कर दें जो भोपाल और दिल्ली से उठकर हमारी आत्मा में हथौड़े की तरह बज रही हैं
या कि उन लड़कियों का क्या करें जो अपनी सुरक्षा में पवित्रता के सबसे मारक मोर्चे पर हम पवित्रतम गुरुओं से सवाल करती हैं
और समर्थन न मिलने के बावजूद अपनी लड़ाई अपने आप लड़ती हैं

हम यह कैसे मान लें कि हमारी भूमिका सिर्फ उस देवता की अभ्यर्थना में है जिसके सामने हम अपनी आवाज कहने जाते हैं तो पता चलता है कि इसका कान तो पहले ही फूँका जा चुका है।
और सब कुछ का मीठा-मीठा सुनते-सुनते इसके दिमाग की नसों को दीमक चाट गया है

अब आप इस पर बिलकुल ही शर्मिंदा न हों कि फूँकने वाले के पास बहुत दिमाग है जबकि फुँकाने वाला तो बेचारा है और पूरी तरह खाली है

इतिहास भी तो यही कहता है कि सभ्यता का संघर्ष तो फूँकने वालों के बीच ही हुआ है

फुँकाने वाले तो केवल दक्षिणा देते हैं और हर समय परलोक में जीते हुए गंगा स्नान करते हैं

जब कभी आप गंगा की सीढ़ियों पर बैठें तो फुँकाने वाला आपको नदी के ठीक बीचोबीच बहता हुआ मिलेगा
जबकि फूँकने वाला घाटों की चमकती रोशनी में झूमता हुआ दिखाई देगा।

[20.04.2013]

रहस्य

रहस्य कुछ भी नहीं है
सिवाय कुछ नादानियों के
जिन्हें हम जानते तो हैं
लेकिन कह नहीं पाते

अनकहा सत्य जो रह गया
जीवन की खुरचन के रूप में
उसी में है रहस्य जीवन का

जीवन उपलब्धियों में ही नहीं
जो छूट गया हमारी पकड़ से
वहाँ भी है जीवन

हमारी अधूरी पड़ी आकांक्षाओं से
हमारे समय के भरे हुए हैं तहखाने
जहाँ हर आने वाली पीढ़ी
अपने लिए कुछ खोजती पैमाने

बहुत बार अनजाने!

[2.10.13]

नागनथैया

(कार्तिक शुक्ल पक्ष में प्रतिवर्ष मनाया जाने वाला काशी का लक्खी मेला)

1.

गेंद की लीला में गेंद का यथार्थ कहीं खो गया
गंगा गंगा नहीं रह गई
कृष्ण कृष्ण नहीं रहे
श्रीदामा श्रीदामा नहीं रहे

सब कुछ लीलामय था
आदमी आदमी नहीं रहा
लीला अवतरण की एक डोर भर बचा था
जिसे उमस भरी भीड़ में
अंत-अंत तक टूटने से बचना था

2.

किसी को कहीं नहीं जाना था
सबको बस लीला में रहना था

लीला जो कि आँखों के सामने थी
आँखें जो कि लीला के सामने थीं

हमें आज लीला में होना था

हम भी लीला में होने गए थे
जो जहाँ भी था बस लीला था

लीला कहीं नहीं थी
बस पानी था
जो कि गीला था

3.

पानी और गीला!
पानी तो गीला होता ही है एक लीला रसिक ने कहा

मैंने कहा आज पानी ठोस है साधो और इसके गीला होने की परीक्षा है

यह पानी के लीला की परीक्षा थी
कि पानी को आज गीला होना था
और लीला को ठोस
और बेहद ठोस!

यह कालिया नामक नाग के दमन का क्षण था
जो कि स्वयं एक लीला था
अपने यथार्थ रूप में हमारे भीतर बसने को आतुर!

[09.11.13]